活动策划
实战全攻略

欧阳国忠 著

清华大学出版社
北京

图书在版编目(CIP)数据

活动策划实战全攻略 / 欧阳国忠 著. —北京：清华大学出版社，2013.7（2019.11重印）
ISBN 978-7-302-32381-5

Ⅰ．①活… Ⅱ．①欧… Ⅲ．①活动—组织管理学 Ⅳ．①C936

中国版本图书馆 CIP 数据核字(2013)第 094197 号

责任编辑：陈　莉　马玉萍
封面设计：周周设计局
版式设计：方加青
责任校对：邱晓玉
责任印制：刘海龙

出版发行：清华大学出版社
　　　　　网　　　址：http://www.tup.com.cn，http://www.wqbook.com
　　　　　地　　　址：北京清华大学学研大厦 A 座　　　　邮　　　编：100084
　　　　　社 总 机：010-62770175　　　　　　　　　　邮　　　购：010-62786544
　　　　　投稿与读者服务：010-62776969，c-service@tup.tsinghua.edu.cn
　　　　　质 量 反 馈：010-62772015，zhiliang@tup.tsinghua.edu.cn
印 装 者：三河市金元印装有限公司
经　　销：全国新华书店
开　　本：170mm×240mm　　　印　　张：16.75　　　字　　数：194 千字
版　　次：2013 年 7 月第 1 版　　印　　次：2019 年 11 月第 19 次印刷
定　　价：58.00 元

产品编号：050571–02

目录

第三章 ｜ 如何策划商会活动

第四章 ｜ 如何策划选美赛事活动

全攻略

第一章　活动策划实战心得

近年来，活动行业风生水起，各门类的活动充斥在我们的周围，形形色色的活动公司到处抢占滩头。然而，大部分活动办过后就销声匿迹了，也就图活动当时大家一乐，更有甚者，弄得参与者怨声载道。然而，有的活动却在参与者心中留下了深刻的印象，实现了活动的传播目的。

什么样的活动才算办得成功呢

在我看来，成功的活动有三个要素：有意义，有影响，有效益。

要实现这三个要素，将一个活动办得有声有色，叫好又叫座，首先得有好方案，即活动策划是关键，因为有好的方案才会做出好活动。

很多人办活动是冲着钱来的。越是这样，结果越挣不到钱。办一项活动，首先是冲着把活动办好，办出特色，办出意义，办出成效，如果活动办好了，不挣钱都难。

一项活动能否办出彩，看策划案就知道了百分之七八十。因为先天不足，平庸的策划案只能做出平庸的活动。平庸的策划案一般体现在以下三方面。

(1) 缺乏亮点。这是很多活动策划案流产的致命原因。"亮点"是什么？通俗地讲，就是看了方案会为其中的某个或某些想法心头一震，甚至拍案叫绝，就像一间黑屋子里只要点亮一支蜡烛，整个屋子一下就全亮了；也像一个水池中的一眼泉，有了它一池水就活了。

(2) 缺乏意义。居高声自远，没有高度，就没有吸引人的力度。各界"高人"出席一项活动，并不是都冲着高出场费去的，如果活动立意高，就会吸引大量媒体来报道，活动影响力大了，社会价值也就大了，各路境界高的英雄豪杰也就自然相约而至了。活动如同人，活着有意义，还要有意思，才会幸福快乐。

(3) 大而空。不少策划案乍一看会把人吓倒，挂的名头一大堆，活动、子活动一大串，大有活动不惊人誓不休的架势。但仔细一琢磨，却平淡如水，漏洞百出，很多假大空的设想都落不了地。好的策划案会将某个精彩亮点深化到极致，再以点带面，全线激活。

如同客户购买一件品牌商品一样，参与者、赞助商、嘉宾对于一个活动的参与、赞助或者决定是否出席，都是对这次活动从认识到认知，再到认可，最后到认购的过程。从认识到认购一般要经历五个阶段：第一阶段是质疑，第二阶段是观望，第三阶段是试探，第四阶段是尝试，第五阶段才是合作。大多数活动都缺乏品牌和影响力，所以客户对此类活动都只停留在质疑和观望的阶段。这样的状态对于活动举办方来讲，情况就变得非常糟糕了：第一，吸引赞助商很难，赞助商不会为一个没有影响、没有品牌、没有回报力度的活动提供赞助；第二，吸引参会者也很难，参会者无法信任一个没有名气与影响力的活动，他们的诉求难以在这里得到满足；第三，邀请重量级的嘉宾也非常难，在众多活动的邀请下，他们是要权衡活动重要性和预估出行价值的。所以说，要办好一个活动，就得影响和争取这三方面的人，在这三个方面做到位。

活动是否策划得有意义，是能否做出影响力的先决条件。当然，活动策划精彩到位，还得有好的营销推广思路和方式方法。活动有意义，又有了影响，社会和经济效益都是水到渠成的事。

✪ 好项目、大项目不是求来的，而是吸引来的

用什么来吸引？最佳答案是创意和品牌。

自然界因为有万有引力，也就有了吸引力法则，能量大的会

吸引能量小的，所以才会有月亮围绕地球转，地球围绕太阳转。

人与人构成的社会群体中，同样是吸引力法则在起作用：名人头上的光环会产生明星效应，吸引大量的支持者顶礼膜拜；英雄之间会惺惺相惜，他们都渴望遇上高手，并与高手过招。每个人的才学、德行、品牌、成就、人脉圈等都是构成其能量的核心要素。

水往低处流，人往高处走。前者是自然规律，后者是人际法则。而对于一个活动项目，创意则是其能量的内核。好创意能量就大，吸引力就强，能得到的认可度就高。创意绝妙，能量就会超大，在实施中就会取得四两拨千斤的奇效，甚至产生"给我一个支点，就能将地球撬动"的效应。

有很多文化公司、公关公司、活动公司，一谈到拿项目就想到找后台、拉关系、送红包、走后门，而花在活动创意上的功夫却不多。如此做法，对有的项目有的人或许奏效，但是背离了做商业、做项目的基本原则，公司不会做大，更不会走得长远。这也正是目前国内绝大部分活动公司"小麻雀"长不大的缘由。

求人不如求己。因为求人会分解我们的能量，而且即使搞定了关系，下一届活动的时候，却又有新人接管这个项目了，关系网又需要重新花很大力气去铺设。"搞定"的人永远只是暂时的。求人的事，再好的创意也不值钱。因为人家不重视，看不起，听不进。多年的实践经验告诉我们，凡是我们上门去找别人提创意求项目的，见到对方能拍板的人都很难，更不用说将项目拿下了。而项目方主动找上门来的，成交率几乎是百分之百，而且洽谈和执行都不会费劲。因为人家找你时，早已经经过了比较，产生了认同，只有认同才会有合同。

与其临渊羡鱼，不如退而结网。我们通过花力气做出好创意，通过长期积累经验、案例、资源、影响力等，来塑造自身品牌。每次的积累都会增加自身的正能量。当积累从量变发展到质变，吸引力就会超常增长。到这时，好项目就会主动来找我们了。以张艺谋为例，他的主业本来是电影导演，而挂他名头的"张艺谋印象系列"却吸引了一大批机构拿着巨资排长队来找。

好创意是内功，品牌是江湖地位，有了这两项就会修炼成"吸引大法"，就能很轻松并且源源不断地吸引到很多高品质的合作伙伴与合作项目。

⊙ 好创意不是硬憋出来的，而是找到了感觉井喷出来的

好创意来去匆匆，且无影无踪，所以得及时捕捉。

好策划方案，就像好莱坞电影一样，一开场就要能抓人。首先主题要吸引人，还有就是方案中要有足够的"爆破力"作为亮点。

有不少公司，一拿到客户资料就要求策划人员埋头写详尽方案。这种做法，出来的往往只能是非常平淡的方案，提案的结果可想而知。环球活动网创意研发中心的做法是，要求策划人员在没有找到令人心动的创意点之前，千万不要动笔写方案，以免浪费时间做无用功。

绝大部公司在做策划提案时，都是这样的程序：首先收集、研读对方资源；接着召集策划人员开碰头会，让大家提创意；接下来，让专职文案做文字方案；方案通过，再做视觉设计，制作提案演示文稿(PPT)。

这种常规程序看起来没有什么错，但是经过多年的实践摸索后发现，这个老套路很有必要改良。首先，深入调研客户资源是必须的，还没调研马上就召集策划人员展开"头脑风暴"的话，一方面会开成效率低下的"马拉松式"策划会，另一方面大家很难真正"风暴"起来，在刻意"憋"创意的沉闷中大家的"武功"就会丧失殆尽。环球活动网创意研发中心的做法是，先让策划人员各自消化、吃透对方的资源，然后在各自轻松舒适的环境里找创意的感觉，等大家都把各自想到的一些"亮点"(此阶段不必要深入去写方案)梳理出来后，再召集大家开"头脑风暴"会。此时，各位策划人员心中都有了自己想到的一些"亮点"，碰撞起来才会有火花四溅的现场氛围，往往很多绝妙的创意就是在这种情形下诞生的。至少也要有一人提出了创意的思路，当成现场的"靶子"，让大家来"批驳"。有时，一轮"头脑风暴"往往产生不了最佳的创意亮点，还需要两轮三轮的碰撞。在遇到瓶颈时不妨先放一放，让大家轻松去唱唱歌，换换脑筋。我不主张熬夜搞疲劳战术，创意本身是件快乐的事，如果把人弄得一点乐趣都没有了，如何能产生好的创意？

好的创意是需要灵感迸发的，而不是靠硬憋出来的。灵感也是需要信息积累的，当我们反复用一种信息不断去刺激我们的神经时，积累到一定程度就会灵光乍现。灵感的出现，来去匆匆且无踪无影，所以策划人员必须保持充沛的精力和行动力，当灵感出现的时候我们就得趁热将想法迅速梳理出来，如果不及时，等感觉过去了，想再找回来，就难了！

好创意也是不断积累出来的，见识广，想得多，实践多，策划活动时才会有感觉。大部分好创意好像是突然冒出来的灵感，其实是你思考多日，它早已隐藏在你的潜意识中，正如辛弃疾所言："众里寻她千百度，蓦然回首，那人却在，灯火阑珊处。"

⭐ 好创意是一项不可替代性的服务

为客户提供不可替代性的服务，才是创意人的核心价值。

好创意在脑海里时，既看不见又摸不着，落到纸上、电脑里、实践中却威力无比。

好的创意不是靠疲劳战术就能弄出来的，也不是搞人海战术能做出来的。需要的是具有丰富的知识储备、广阔的视野、成熟的实战经验以及跳跃性思维的优秀创意人。人是一切优秀创意的关键。

可以这样说，好创意不是什么人都能做出来的，也不是简单地由时间来催生的。能想出切实可行好创意的人是非常非常少的。物以稀为贵，由此好创意才显得弥足珍贵。而执行层面的事，基本都是可以替代的，因为每个地方执行公司非常多，差别只是物料的优劣和价格的高低。好创意的提出，则是不可替代的，优秀创意人的价值也是无可替代的。

活动的精彩源于常办常新，魅力在于内容与形式的不断突破，在于主题与嘉宾的吸引力，既有创新的悬念，又有可预见性的期待，从而带动大众参与性的高涨。

活动还是那些活动，年复一年树立了品牌，而大家的关注点在于突破与创新。奥运会的举办，大家满心期待不变的奥运圣火，这一次会以什么样的新形式出现在全球大众的视野里？下一个百米飞人会是谁？主题曲会是怎样的？活动的魅力就在于它的常办常新，很多的精彩来自于创新带来的未知，未知就有悬念，有悬念就会勾起大众的好奇与关注。比如说展会营销，世博会上的亮点是各个国家的主题馆，每一届世博会都会有新创意，有未知的诱惑。一个国家的主题馆、主题日要表现什么内容，以什么形式表现，我们无从预知，所以带着兴奋点去期待一份惊喜。不变的是世博会，是世博会上的主题馆，但主题馆的内容花样翻新，每一届都有形式与内容上的创新和变化。

策划人如何才能保护好自己的独家创意

如何让策划方案卖出应有的价值？

这是困扰策划创意界多年的顽疾。

现实中的状况是，很多机构缺创意、缺创意人才，但是又都不肯为创意买单。他们的老板愿意在酒桌上，在高尔夫球场上，甚至在赌场上一掷千金，却不愿意为一套创意方案出一顿饭的钱。

好创意是非常难得和极其宝贵的，但是在创意保护无方、知识产权保护不力的环境下，创意就会肆意被窃取，就会变得一文不值。

当下，套取策划人创意比较流行的做法是，需求方以提案竞标为幌子，让各个想接业务的公司安排策划人员绞尽脑汁做方案，最后需求方让内定的执行团队将各个方案的优点进行组合。一场大戏就这样开场了！大家都知道，创意就是一层窗户纸，捅破了，就什么都不是了。这种不道德的做法，严重打击了创意人的积极性，也无情地扼杀了很多本应诞生的好创意。

这种做法，还会产生一个恶果，就是一个个好端端的创意被一群无知的人白白糟蹋了。因为策划人是根据自己可以调配的资源和可以掌控的操作经验来出创意的，如果没有强有力的执行，再好的创意也只能是空中楼阁。创意离不开资源，就像鱼儿离不开水。好创意，需要好资源才能落地开花。如果只是靠卑鄙的手段套取策划机构的创意，又没有创意中必须具备的资源和富有经验的执行团队，好的创意方案操作执行下来也会成了烂布渣。可是，由于利益的诱惑，创意的"悲剧"屡屡发生。

为了维护策划人的权益，保护好创意，环球活动网最初的做法是，不参与任何需要提案竞标的项目，而是通过策划操作系列自创活动来扩大影响力和塑造品牌，吸引客户主动找上门来。典盛传播创立之初通过策划举办传媒领袖与企业家高峰论坛、中国电视创新论坛、新媒体大典等媒体活动，迅速整合了全国主流媒体资源，与此同时也吸引了中央电视台(《乡约》栏目大型活动策划执行、央视一套黄金剧场播出剧《铁色高原》后期活动营销)、北京电视台("爱上电视"创意征集大赛)、上海第一财经(财经媒体高峰论坛策划执行)、深圳卫视(大型公益电视活动"美梦成真"活动推广)、山东卫视(《新杏坛》栏目的策划与推广)、东南卫视(频道品牌战略研讨及推广)等一批合作业务。

到第二阶段,环球活动网通过"走出去"战略,在全国各地举行"中华文化之旅",进一步打造其在政府项目方面的影响力和吸引力。由此产生了"君山爱情节"、"感动中国爱情征集活动"、"张家界国际旅游节开幕式系列活动"、"国际茶业博览会"、"中国商标节"、"舜帝文化万里行"、"湘商寻租"、"泰山论坛"、"青岛民俗文化节"、"刘邦文化万里行"等合作项目。在企业方面,东方雨虹、中联重科等上市公司和知名大型企业的项目也主动找上了门。

另外,环球活动网还通过打造一系列自主品牌的活动,在活动领域抢占山头,整合各类高端资源。譬如,创办奥马奖(致力打造全球活动领域最高奖)以整合活动产业链资源;创办环球创意节以整合创意人和创意资源;创办环球春晚嘉年华以整合演艺资源;创办环球品牌形象大使整合形象代言人及品牌企业资源;创办"大爱节"以整合公益慈善资源;创办"环球之旅"以整合国际高端资源;创办群英汇俱乐部以整合高端俱乐部、会所资源。以上做法,一方面是为了整合资源,另一方面是为了打造品牌,最终的目的则是吸引客户主动找上门来。

守株待兔这种做法毕竟不是长久之计,虽然避免了浪费时间精力和创意被剽窃挪用的风险,但是也会丧失很多重要的机会。如何主动出去,又能避免屡帮他人做嫁衣裳呢?在具体合作项目上,环球活动网通过以下流程来保护自己的创意。第一步,是应客户之邀全面深入考察项目,在此过程中客户会不断询问有什么好的想法没有，遇到这种情形就不妨这样告诉他，没有调查就没有发言权。为了效果起见，最好等调研究后给他们在正式的场合提供一个系统的想法。第二步，考察完并梳理出系统的思路想法，寻找到令自己兴奋的活动爆破点后，在会议室给客户的全体决策人员完整讲述一遍，最好能要求客户关掉手机认真倾听，这样好的思路才能保证在现场信息不丢失，才能形成打动客户的冲击力。我自己做的案例体会是，基本在这个阶段，客户的心就被彻底打动了，因为我们把他们没有想明白的需求说明白了，还帮他们指明了通达目标的路径和方法。接下来，他们想办活动的心情比我们还急迫，因为我们是在帮他们完成他们所需要的，由此我们的身份也就从乙方反向转变成了甲方。这时，他们往往会提出，能不能尽快帮他们做出详尽的方案。我们就会回应，简单做个方案解决不了问题，而做一个系统全面可行的方案是需要花大量精力的，所以为了不耽误双方的时间，需要签一份协议和交一部分费用。为了公平起见，协议中会约定：如果方案客户不满意可以全额退款；如果方案做出来后，客户以不满意为由退款，而后续活动中又采用了我们方案中的创意元素，则需要加倍赔偿。这样对双方都做了一定的保护。第三步，就是全力策划方案。方案做出来后，再与客户的决策层开一个现场办公会，我们将创意完整演示一遍，并回答对方提出的问题。如果客户满意，待客户付清策划案的尾款后，将完整策划案复制给客户。第四步，是活动方案有了，客户可以选择自己执行，也可以委托我们来执行。由于方案是根据我们的资源来策划的，再考虑到执行力，客户基本会选择由我们的团队来操作执行。

如何让一个好的策划方案价值最大化

产生一个好创意不容易，好创意的一次性"消费"是种巨大的浪费，也是好创意不值钱的症结所在。

绝大部分的好创意，辛辛苦苦，耗费大量人力、物力做出来，基本的命运就是，一次性在活动中"消费"后，就过期作废了。这种好创意一次性使用的"快餐模式"，使得好创意的利用价值远远没有被释放出来。

一项好的活动创意，在一个区域内重复使用，对于活动参与者来看，是种"吃别人嚼过的馒头"的感觉，市场价值是呈递减的。但如果放到不同的区域去使用，再加上适当的本土化改造，活动参与者就不会有审美疲劳感，对于活动的新鲜感和参与热情丝毫不会减少，其市场价值是递增的。就像湖南卫视的《超级女声》是模仿《美国偶像》的，而《美国偶像》又是从英国引进的"流行偶像"。无论是对于美国观众，还是对于中国观众，他们不会因为知道节目的母体是英国"流行偶像"，而对本国的复制节目有丝毫关注热情的降低，这就是电视创意模式输出的巨大市场价值。一种创意模式被输出到不同区域，这种"一次性投入，多次产出"的模式复制，反过来才能进一步促进创意的"大投入，大产出"，才能催生创意产业的规模化经营、流程化操作和产业链延伸。

环球活动网计划在全国建立连锁经营的"群英汇"活动会所，会所一部分是公共的空间，可以举办沙龙和各种聚会活动等，另外大部分是传统的咖啡吧茶座，大家可以像在星巴克、上岛咖啡一样地消费交流。会所需要靠举办有创意的活动来吸引会员参加，以实现迅速增加人气和提升品牌的目标。策划一个好的活动方案是需要花代价的，需要有专业的策划团队和专家智囊，需要头脑风暴和花高成本设计制作平面以及视频活动营销的工具，还需要在大量媒体上传播推广。假如一个高质量的活动策划案需要花10万元的策划与制作成本，若它只在一个活动会所实施，高昂的成本就会令其不堪承受；如果将10万元成本摊薄到全国1000家"群英汇"连锁活动会所上，每家会所承担的活动策划案费用才100元，几乎没有成本。而高品质的活动策划，给每家"群英汇"活动会所带来的效益又是可观的。有了规模效应，就可以有实力创建一个专门给"群英汇"会所源源不断提供金点子的"活动创意研发中心"，这样就可以根据不同社会高端群体的需要，从周一到周日策划举行不同主题的活动。在进一步发展的情况下，还可以创建全球活动创意研发中心、设计中心，不断引入高科技和高端智力人才，建立强大的活动创意案例库、资源库和创意销售团队，从而形成为各种活动和活动机构、活动礼品提供不可替代性服务的核心竞争力。

全攻略

第二章 如何策划旅游休闲活动

没花一分钱，李连杰为何甘当邯郸广府推手？

"好客山东"、"老家河南"如何用四个字撑起了中国旅游第一品牌？

世界名河与中国黄河怎样揭开了一场力量与文化的对话？

"好客山东"、"大黄河之旅"、"焦作现象"、"公益邯郸"、"中国荣耀——国窖1573"、"中国太阳城——德州"、"经典上海"、"国际沙漠休闲城市——鄯善"、"中国旅游第一博"……这些近两年引起旅游界瞩目的事件营销，都来自于被称为旅游传播业"黑马"的贾云峰和他的团队德安杰。

本章主题

在旅游成为人们最重要的休闲方式，休闲旅游活动越来越影响着大众生活品质的今天，怎样才能"Hold住"(网络用语，原意为"控制住")游客的目光，怎样才能做好休闲旅游项目的活动营销，成为众多地方政府、景区与企业最揪心的问题。本章深度对话旅游策划人贾云峰，讲透如何以策划出创意，如何以创意盘活旅游资源，如何做好休闲旅游活动，解开了休闲旅游活动营销的个中奥妙，为读者呈现旅游活动营销的一体化解决方案。

人物介绍

贾云峰，2009中国十大杰出旅游策划人、2010中国旅游策划杰出人物；中国著名旅游创新传播专家、德安杰环球顾问集团总裁、中国休闲旅游文化研究中心主任；致力于为地方政府、旅游景区和企业提供创新传播一体化解决方案。

对话贾云峰：以策划创新贯穿旅游的全产业链

访谈地点：德安杰环球顾问集团北京总部

被访人：德安杰环球顾问集团总裁、中国休闲旅游文化研究中心主任 贾云峰

访问人：环球活动网董事长 欧阳国忠

欧阳国忠：贾总，您这几年为中国的旅游行业做了很多大型活动策划，取得了令人瞩目的成绩。您认为国内目前的旅游宣传活动存在哪些问题？

贾云峰：现在中国的旅游营销很多都叫"营销活动"，不是叫"活动营销"，我们公司是做旅游全案策划的，不单纯以"节庆"活动为主，所以，在主体的全案策划中，我们是用"策划"来贯穿旅游全产业链的。

我们认为在旅游的全产业链策划中包含八个项目：调研、战略、规划、投融资、营销、执行、监控、模式研究。这八块业务当中，我们发现可以用"策划"来贯穿旅游的全产业链。

我总结下来，中国的旅游实际就是两种创新，一种是"概念创新"，像"好客山东"、"焦作现象"这些都属于概念创新；另一种是"表达方式创新"，在表达创新中，有两个非常重要的创新形式，一个是"节庆营销"，另一个是"新媒体传播"，在这两个领域，我们正在做多方面的尝试。

咱们中国的很多节庆活动，基本上都是流于形式、缺乏策划的。就我参加过的活动而言，大概80%都是地方领导的狂欢和自娱自乐。某地曾办过一次活动，这个活动领导不允许游客去参加的，大概有一二百个领导，自己做了一场戏，自演自看，演完后就都解散了，一个游客都没参加，那你说这个活动到底是传播给谁看呢？很多领导振振有词地跟我说，我们这个做的是"形象传播"，不是你们所谓的"游客传播"。

我认为要做好"节庆活动"，第一步还是要从"调研"开始，先要了解它是不是挖掘了这个城市的"个性"；第二步则是要重点把握"节庆活动"是否破解了节庆本身的"文化密码"。

调研完了，重点还是"策划"，策划一定要有创新，下面我讲两个我们策划的旅游景区推广案例，可能会给大家带来一些启发。

第一个案子，是河北邯郸的"广府古城"。

李连杰免费做邯郸广府推手
——策划就得引起共鸣、打动人心

在河北的邯郸，有一个古城，有很多年的历史，是隋朝末年窦建德的都城，大概绵延十公里，十公里城墙以外的二十公里都是芦苇荡，就像我们以前看过的《小兵张嘎》里的白洋淀，很漂亮。当年日本鬼子从这儿走过的时候，都没有发现这个古城，保护得非常好。

我第一次去的时候，在天然形成的"龙"形芦苇荡里划船，竟然有一条手臂长的鱼跳到了我们的船上，生态保护得非常好。古城里面更加神奇，有一万多居民，大多数都是练太极拳的，因为它是"杨式太极拳"创始人杨露禅和"武式太极拳"创始人武禹襄的故乡，所以它既是"古城"、"水城"，又是"太极城"。

对于这样一个古城，我们到底要从什么地方进行宣传突破呢？三种文化意念叠加肯定不是品牌的叠加，相反会造成了品牌的屏蔽。要把古城的品牌做起来，就要去破解它的"密码"，其中最大的特点就是"太极"！当然，太极的活动非常多，而且他们每年都会举办"国际太极拳大会"，据说最多的一次有几十个国家的人来这里打太极，但是我们用百度和谷歌搜索研究发现，这个事件却很少有人知道。原因就是传播不畅、策划不当，没有一个"好玩"的概念。所以我们就从这个突破口给"广府"做了一个立体传播计划。从"太极"突破，以"古城"和"水城"做辅助宣传点，共同出力、合而为之来击破品牌障碍。

突破口找到了，接下来我们就在思考让谁来做这个活动的推广大使，大家都说："这个容易啊，全中国最有名的武术代表人物就是李连杰了，要是把他请来，这事就能办了。"我们也深表认同，可邯郸副市长说："不瞒大家说，我们已经去联系过了，有三家类似的单位在竞标，一家比一家出的钱多，每个都层层加码，而最后的费用我们根本无法承受。"

据说李连杰拍一部电影的酬金大概在两千万美金左右，做一场代言大概要两千万人民币，这样看来，很多地方根本无法承受这两千万的巨额支出。

所以我跟副市长说，给我点时间，看怎么能尽量少花钱把这个项目做起来。回来后，我做了一个详细的调研，想到了一个途径。第二天，我就跟副市长坐下来谈这个事情，我说：你是否发现，李连杰的人生发生了重大变化，从2010年以后，李连杰在任何场合出席活动从来不认为自己是个"武术明星"，而外界也纷纷把他定位成"公益领袖"。

2004年年底，李连杰和家人在马尔代夫度假期间，经历了一场惊心动魄的海啸事件，经受了生离死别的考验。之后李连杰就想，如果这个海啸把我的家人卷走，那么我有金钱又有什么用？那么多可怜的人需要帮助，我不如为这个社会做点什么，所以当时他就想出了"三个一"的公益组织，即"一个人，一个月，一块钱"来捐给"壹基金"。他希望有各种各样的人来跟他一起援助社会上那些需要帮助的人。

所以我说，李连杰他是一个"公益领袖"，而不单纯只是一个"武术明星"，我们要从这个角度来介入，避开和其他几个城市的正面冲突。副市长觉得这是一个很好的思路，之后我就约了壹基金的全球主席周惟彦和运营总监周莉，李连杰正巧那段时间在北京。我和李连杰仅仅谈了半小时，他就同意了，走到门口，李连杰跟我说："这件事我干，这件事我不收费用。"

欧阳国忠：我很想知道，您是用什么吸引了他？

贾云峰：我是这么说的，现在中国每个人都在关注你李连杰，都在关注你从一个"武术明星"向一个"公益领袖"的转变。而在这个过程中，你也走进了一个误区，大大小小的公益活动无法取舍。中国人的特点你也了解，大众会记住你一次的不足而忘却你所有的好，"壹基金"在任何一个灾难的场合去晚了，所有人都会质疑你。这对你是不公平的。

我跟他说，我找到了一个地方政府，这个政府单位是有深厚文化积淀的几百万人口的地级市，他们愿意跟你一起打造中国第一个"公益领袖城市"。

李连杰很认可。实际上万变不离其宗，经过这样一个转换的过程，达到了我们树立旅游和城市品牌的目的，既满足了公益的需要，又满足了政府的需要，同时也满足了我们旅游策划人的需要，三方实现了共赢。

李连杰跟我们见面后几个月，他就调整了紧张的行程，专门飞过来参加了我们的"公益邯郸"这个活动，国家旅游局、省旅游局等各级领导以及国内各方面的专家也都参与了进来，活动当日来了将一万多群众，现场非常火爆。让我们没有料想到的是，我们只请了一二十个记者，最后竟来了一百多个。我们在现场发放了一万多条蓝色的代表着"壹基金"的"公益丝带"，很多人都系着这个丝带在城市里行走，还发了几万份旅游宣传品，不仅仅让大家了解了"壹基金"的公益项目，也迈出了打造"公益邯郸"的坚定步子。

这个活动做完以后，回报是巨大的，至少有三方面的目标得以实现：第一，邯郸的城市形象得到了树立；第二，武术是浅层次的，太极是高层次的，公益是更高层次的。与李连杰的联袂合作，

"功夫巨星"成为城市公益形象"代言人",不仅城市的品牌得到了全新的提升,满足了旅游宣传的需求,对李连杰"公益领袖"的形象也起到了推波助澜的作用;第三,整个过程的策划实现了少花钱甚至不花钱也能办事的奇迹。李连杰真正"零片酬"参与了整个项目,以及持续了一个多月的宣传。活动也是紧紧围绕着李连杰这一个明星展开造势和宣传了,避开了明星群集的人海战术,因而焦点非常集中,衍生效应都是围绕着一个巨星和一个主题展开的,整个活动所产生的费用远远低于同类活动,而效果却出奇的好。

在这次大型主体活动结束以后,我们又做了一个辅助活动,以刺激活动传播,结果在网上引起了巨大的轰动。这次活动是在新媒体方面发起了一个"评选最佳新闻标题"的追踪活动,对胜出者给予一万元大奖。在一周之内,我们进行了统计,发稿量竟达到了15万篇,我们在其中选出了一个最能吸引眼球的题目——李连杰携三岁幼子在广府与万人打太极。这个题目吸引了很多人对这个新闻本身的关注,它里面有几个要点非常有引爆力,第一是"李连杰",第二是"广府",第三是"万人打太极",而最能勾起大家兴致去探究事件始末的是"三岁幼子"这4个字。大家都知道李连杰有两次婚姻,共生了4个女儿,从哪儿又冒出了一个儿子呢?很多人看了这个新闻以后,就会误认为李连杰有个三岁的儿子,带着儿子去参加了太极盛会,事实并非如此,"三岁幼子"是指成立已有三年的"壹基金"。

这整个的策划过程是非常完美的。所以我认为策划一定要有四点:第一,立意有足够的高度;第二,表达方式足够创新;第三,聚焦人物足够大牌;第四,传播角度足够立体。一次完美的活动策划必须建立在对各方需求的深刻了解上,了解需求才能满足需求,有了共赢的策划,才能合力同心将活动推向高潮。因为我们了解了李连杰对"壹基金"的宣传需求，了解了邯郸政府对旅游的宣传需求，因而完美地实现了旅游活动策划人的需求。

旅游活动策划人的价值就是在满足客户多方需求的价值链中，将自己的价值凸显出来，我们就是资源的整合者与拓展者，能将零散的资源发挥出价值倍增的整合效应。

"好客山东"坐上了中国旅游品牌第一把交椅
——策划是一个系列工程，打破常规才能整合资源提升品牌

第二个案子是我们参与打造的"好客山东"。这无疑是目前整个中国旅游的"第一品牌"，从好客山东"贺年会"开始，我们就介入了整个活动的策划，包括品牌理念的提升、活动价值的升华、全线活动的打造。

首先，讲一下我们是怎么介入"好客山东"的。

德州市人民政府邀请了中国旅游研究院的专家和我们的团队，希望从旅游的角度去做一些活动以提升整个城市的品牌。我们组织了8个资深的策划人员去考察了10多天，整个"十一"长假都在德州，搜集了32本图书，都是介绍德州各方面旅游资源的，我们就在酒店里研究，一路寻访……

最后旅游局长听我们汇报，期间发生了一个令他们意想不到的插曲。我们对局长说："你们这里单做旅游是做不起来的。"

很多人可能会问，给了你们钱，给了你们时间，让你们做旅游，你们就在里面抽出一个亮点把它放大不就可以了吗？怎么能否定雇主想用旅游来挺举城市品牌的意愿呢？

德州是个很奇怪的地方，我们在进行网络调研和市场调研中发现，整个德州唯一被大家熟知的仅仅是"扒鸡"，似乎德州再无其他特殊的资源了。其实德州是一个文化历史积淀极其深厚的城市。它是"东方朔的故乡"，有"董仲舒的读书台"，还拥有很多的黄河故道，很多旅游景点，但这几十上百处旅游景点之中，竟然没有一个是知名品牌，也没有一个能超过"扒鸡"成为当地旅游的支撑物。所以我们就跟旅游局长讲，我们做不了这个，把你们任何一个景点拿出来都没有代表性，不仅没月亮，这星星还太小太暗淡。因而要想把当地的城市品牌树立起来，从旅游景点出发它肯定缺少一个整合的抓手。

在汇报的过程中，我做了一个关于打造旅游活动品牌的意见汇报，同时也是一个关于创新传播的演讲。旅游局请来了很多听讲的人，其中有一个人在演讲结束后拉住了我，说："贾总，我觉得您讲得特别好，我想带您去看看我的企业，您是否能给我们企业也讲讲？"我问，给什么人讲？他说："我是皇明太阳能集团的总裁，我叫黄鸣。"

"皇明太阳能"大家都熟知，是中国太阳能企业的排头兵，每年都有几十亿的销售额，上万员工，而老板黄鸣却非常低调。后来，我就去了那里。

到了他的企业，走进会议室把我吓了一跳，他竟然请了三四百人，所有的中层干部都来了，听我做了两个多小时的演讲。这次交流让我受益匪浅，黄鸣给我讲的很多事情让我灵感喷涌。

原来整个德州竟然是用"太阳能"打造的城市。路灯全都是太阳能的，景区的灯光也全部是太阳能的，而且黄鸣还专门造了一座五星级酒店，全部是以"太阳能"作为主题打造的，整个酒店都是用太阳能来完成水、电供应的。"皇明太阳能"的新厂区被建设成了全部节能减排的"太阳谷主题公园"。我们研究后发现,那时刚刚是哥本哈根会议过后,全世界都在研究低碳,研究环保,研究低碳旅游。

我突发奇想,为什么不从这个角度突破呢?不再拘泥于城市的那些小点,离开城市想城市,跳出城市想城市,跳出产业想城市,甚至跳出中国想城市。"皇明太阳能"是著名品牌,"德州"是个非著名品牌。我们旅游策划最通俗的一句话就是"傍大款",谁是"大款"我们就"傍"谁。太阳能比城市有名,那为什么不可以再实现一个转换呢?

我们做的很多策划都是这样的,切入角度与众不同,因而立意要高远。于是,我们就把这个"中国的德州"的形象定位成"中国太阳城"。

有了"太阳"的概念,就出现了三条旅游线路,即"健康"、"乐观"、"德行"三个主题。第一个是"健康之旅",我们贯穿了一些跟健康有关的旅游线路;第二个是"乐活之旅",与所有乐观、好玩的东西有关的线路;第三个是"人文之旅"。这几个都是与太阳有关的,太阳带给我们的就是健康、快乐、向上的生活。由这个概念解读开来,就产生了精品旅游线路。

后来,我们按这个思路操办了2010年12月31日"好客山东"贺年会的开幕仪式。皇明太阳能把山东十多个地市旅游局的局长全部请到了德州,我们用太阳能点燃了火炬,发给每个局长,每个局长擎着这把旅游的火炬在自己的城市里奔跑行走。等到2011年1月1日早晨,兵分两路人马,一路在威海的成山头,另一路在泰山的极顶,迎接了新年的第一缕曙光。用这个仪式向全山东、向全中国,甚至向全世界宣布："好客山东"的贺年会正式开始了！

我们因此认识了"好客山东"的品牌缔造者山东省旅游局的于冲局长。山东省旅游局于冲局长是个非常有执行力的人，他策划了"好客山东"这个品牌，现在急需进行品牌的提升。

而中国旅游业与其他行业不同，中国旅游界的最大特点是"省局局长叫不动市局局长，市局局长叫不动区局局长，区局局长叫不动县级局长"。所以各个省市都面临着这样一个问题，除非给他钱，给他政策，否则召集会议他们都不会来参加。因为他们觉得那不是本职的事。在这点上，于冲局长带了个好头，他用"好客山东"统一了整个山东旅游品牌。让所有的人都受益。因此，"好客山东"出现了"贺年会"，我们希望所有的局长能在某一天都团结在这个品牌之下。

山东跟其他北方地区一样，旅游的季节性特别明显，到十月份之后，整个山东的旅游点就没什么人了，城市旅游收入明显下降。"贺年会"这个特殊的活动让局长们充满了参与感和自豪感，他们觉得省局做了一个整合大家的事，能团结在一个大品牌之下一定会有更快的发展和推进。

山东是从2010年12月31日就开始过年了，"贺年会"的活动一做完，过年就开始了。"过年"这个定位非常好，但如果没有相应的"产品"来助推的话，定位就太空泛了。为此，山东旅游局立刻推出了五大产品体系，分别叫"好客山东"之"贺年宴"、"贺年礼"、"贺年乐"、"贺年游"、"贺年福"，这五大产品体系出来以后，马上就为"好客山东"的品牌形成了一个有力的支撑。除此之外，还推出了一个"美陈大赛"，要求所有的商厦把有关于"好客山东"的礼品及商品全部展示出来，在橱窗里醒目地摆出

"好客山东"的徽标。

在很短的时间内，整个山东沸腾了，每一个酒店，哪怕是一个很小的饭馆，他们的饭桌上一定放着"好客山东"的徽标。这不是"行政命令"而是"利益趋势"，商家真的觉得靠这个品牌能挣到钱，所以他们才会自发地来共同推广这个品牌。这个活动做完后，一下就打通了整个好客山东的"季节市场"，让"反季节营销"空前火热起来。这是"好客山东"为自己的品牌之路打响的第一枪。

要想让将一个旅游品牌打响，还得借助于媒体的力量，让更多的受众了解并接受。当时想在央视投放广告的竞争对手非常之多，于冲局长选择了一个很少人看，广告也非常少的节目《朝闻天下》。但紧接着，竟然带动了河北省、河南省也一起参与进来了。就这样，一个想法带动了一个早间新闻的旅游市场。现在每天早晨《朝闻天下》、《第一时间》主要的客户都是旅游局。这就是"好客山东"作为"探索者"开辟出来的全新价值，带活了一个早间节目的广告市场。也是"好客山东"品牌之路打响的第二枪。

我查了一下资料，火车是在1842年开通的，乘客是一群去开"禁酒"大会(就是禁止17岁以下的人喝酒)的人，他们开着火车从一个城市去往另一个城市，第一辆火车就是这样开通的。

最近京沪高铁开通了，"高铁旅游"概念应运而生。"好客山东"抓住了这个机会。

我们开了那么多的营销大会，包括高铁联动，基本上都是包一个酒店，大家坐好自己的位置，领导们在台上讲话，讲完之后就解散了。所以我想，如果在火车上开会应该是一个非常有趣的创意，这与中国传统的营销方式完全不同。

这个活动是早上7点半从北京上火车，9点半到达山东枣庄(京沪高铁在山东境内的最后一站)。我们上了火车之后,由于冲局长领头,把山东所有的旅游局局长们都带上车,共18节车厢,全包了下来,每一个车厢我们都给它取了一个名字,比如"济南车厢"、"德州车厢"等。每个车厢安排一个旅游局局长,用自己可以想到的方式向游客们推销所在城市,然后我们在商务车厢开了一场大会,叫"京沪高铁联动大会",这个营销大会可以说是历史上第一次在行进中开的大会。7点半上车,9点半下车,下车就是欢迎仪式,整个会就结束了。它让"火车"本身就变成了一个"行进中的旅游目的地"。

我们在火车上推出了三项一百种产品,即"一百个你不得不去的旅游景点;一百种你不得不吃的山东美食;一百个你不得不带走的山东纪念品"。游客们对此非常感兴趣,反响很大。

从今年开始国民休闲假期变得非常多,甚至以后会出现一年365天有三分之一的时间都会是假期,这又是一条很重要的信息。国家一直想出台一个新的政策,叫《国民休闲纲要》,由于各方面的原因,一个政策的出台要牵动几十个部门,非常庞杂,所以这个政策的出炉没有想象中那么快。国家做这个《国民休闲纲要》慢,但山东省做得快啊。

因此,山东省首先推出《山东省国民休闲纲要》。同时打造了一个新的节庆活动,叫"国民休闲汇"。这个"汇"的意思是"汇集了多种产品,汇集了多元文化,汇集了各省的资源,汇集了整个世界对这个城市的关注"。这个"国民休闲汇"又是以"产品"做支撑的,因而各个地方爆发了以"休闲"为龙头的旅游产品。

我们非常欣喜地看到,在"十一"期间,整个山东旅游收入在全国遥遥领先,比去年翻了很多倍。这些令人惊叹的数字,一定是从"调研"来，从"定位"来，从"战略"来，从"活动"来，最后是从"传播"来，最终形成了一个"好客山东"的旅游模式。

我一直想说，我们不是"广告"公司，我们也不是"公关"公司，我们是一家"中国唯一旅游全产业链理论研究顾问集团，中国第一创新传播一体化解决方案提供商，旅游的战略提供商"。

我们做的是"策划"，策划一定是有理论支撑的；一定是全盘考虑的；一定是一个活动接着一个活动，有共同主题的系列传播，从游客和市场中得来的策划。所以，我们做的是旅游"全产业链"的研究，因为活动凸显、营销策划和整个系统工程而引来的对山东的大型旅游投资蔚然成风。

以前，"旅游投资"通常是政府最关心的。在中国最基本的方法是"全员招商"。政府领导拉动所有朋友去说服他们所有的亲戚，让所有的亲戚再去找所有的朋友一个个去招商，实在不行，领导就开部门会议，强制性地要求每个人认购。所以局长们的压力也很大。中国目前大部分地区都还是停留在这样一个状态。

我认为这种思维方式是有待商榷的。这样做是不管城市的人文个性，首先考虑"招商引资"，再考虑"旅游项目建设"，最后进行"旅游营销"。事实上，我们做的第一步应该是"旅游定位"，第二步是"旅游营销"，第三步是要树立城市的"旅游品牌"，这一点对城市形象的凸显是非常重要的，是让这个城市瞬间被大家认知和喜爱。有了这一系列过程之后，产生了旅游品牌效应，"投融资"自然而然就产生了。

今天我们可以看到，整个山东境内旅游投资项目超过百亿的有好几个。这在以前是不可想象的。整个"好客山东"的系列活动是一种"表象的凸显，显性的传播"，这个活动经过了认真的调研和深入的策划，这整个链条是一个完整的系列的思考，结尾就产生了一个非常重要的"产业链条"。我觉得这才是城市发展的未来，也是城市品牌树立的目标。

所以我认为，用"旅游"来带动城市，用"节庆活动"作为一个最重要的显性品牌传播，实际上是为城市树立了一个非常好的产业传播的方法。

"好客山东"实现了五大突破：一、四字广告语简约的引领作用；二、捆绑营销，中央电视台非黄金时段的突破；三、时刻以市场和产品为核心推广；四、连续不断的节庆活动"贺年会"、"国民休闲汇"等；五、和国家政策紧密地结合，形成行业示范效应。

与此同时，还实现五大产业转变：一、加快实现"小行业"向"大产业"的转变；二、加快实现"投资拉动"向"投资营销并重"的转变；三、加快实现由产品营销向品牌打造的转变；四、加快实现由注重开发外需向巩固外需启动内需结合的转变。五、加快实现由旅游部门单打独斗到各部门共同推动旅游业发展转变。

这就是策划的魅力。

做活动就是要"找第一，做唯一"
——造概念、编故事，突破旅游休闲活动策划瓶颈的两柄利剑

欧阳国忠：贾总，听您讲完这些，我了解到您的"策划"是系统工程，是以提升城市竞争力为"核心目标"，从而打造了一个"产业链"。您还谈到"好客山东"，由它创造了中国"捆绑式营销"的一个先例，也形成为中国地方文化推介的一个重要窗口，我

认为这唤醒了中国各地旅游从各自运作到集团化运作，来求得共同效应的一个新的模式。

您的策划定位是："找第一、做唯一"。我觉得这个理念非常好，在您的策划案中是怎么贯彻执行的？

贾云峰："找第一、做唯一"这句话每个人都会说，但真的要解读它，需要非常细致的调研、考察、理论、概括和提升。

"找第一"，每个城市，每个企业甚至每个人，他都有"第一"，因为世界上没有同一片叶子，所以我觉得"第一"，每个人身上都有。而大家并没有这么思考。"找第一"，其中这个"找"很重要，如何去找自己的"第一"？

这里有一套完整的思考方法，首先，要有细致地"调研"；其次，要"实地寻访"；最后，一定要深刻了解当地的"文脉"和"龙脉"。

我一直强调旅游策划是用脚走出来的，我们很多的策划师根本就没去过多少地方。我统计了一下，去年365天，我总共飞了250天，这听起来是挺可怕的，但只有行万里路，你才会觉得你的万卷书读得有道理。从地理的角度，我深切地感受到，真的是"一方水土，养一方人"。地理文化的孕育和一方人的性格凸显是有着密切关系的。

很多政府在打造旅游品牌时，把整个定位庸俗化，创意简单化，但实际上要做出一个响当当的品牌来，其运筹策划远没有想象的那么简单。

"好客山东"整整进行了半年的调研，才了解了整个概念。我们给泸州老窖"国窖1573"做的一些事件营销策划，都是经过特殊调研之后的结果。像全民热议的"国窖1573"进入"2011春节联欢晚会"、"登月工程"、古文武侠小说等，都是深刻了解企业、产品和城市的文化密码之后，产生的"第一"创造。

"第一"有两种，一种是本身就有的，一种是你创造的。比如"中国太阳城——德州"就是找不到"第一"，我们给创造出一个"第一"。这就是所谓的"找第一"。

"做唯一"重点是在"做"上。体现在四个关键点上，第一点是策划人的发现力；第二点是政府的执行力；第三点是行业的认可力；第四点是游客的传播力。

如果我们做得很好，而政府执行力不够；或者政府执行得很好，行业却不认可，上级领导不关注，游客也不满意，这都等于白做。所以我认为，在别人还没有找到的时候，我们要"找到自己的第一"，在别人还没有做出来的时候，我们要"做出自己的唯一"，我觉得这就是中国旅游现在必须要面临的一个难关，也是我们在做整个旅游产业时最重要的突破点。

欧阳国忠：通过您的谈话，我领悟到很重要的一点：做好休闲旅游活动要注重造"概念"，说"过程"。您认为要怎么才能做好这一点？

贾云峰：我觉得整个旅游活动就是一个"编故事"的过程，而我们的营销就是一个"卖故事"的过程。旅游业本身就是个"交叉学科"，我们要为景区"编故事"，让景区出现一个特能让人耳目一新的故事。这个故事就会形成一个久远的影响，而不是一次性的轰动。

很多的景区营销最终都会给人恶俗的感觉，像有的地方拍人体模特，有的地方设置鬼子进村的场景，当然这些也属于编故事，但这些故事脱离了人们认知的主流价值观。我认为编的故事一定要符合主流价值观，故事是用来引导和开发游客兴趣的，而不是无原则地顺着游客的个别兴趣走，或者被游客牵着走，这都是不对的。

欧阳国忠：故事是最容易被转述，被记忆的，对于各地的旅游文化是非常有益的，但是最核心的一个问题还是打造"概念"，找"概念"可能要比讲故事更难。

我们到了山东，很多朋友一见面就是用这句话："好客山东，来，多干几杯！"他们都把"好客山东"当成整个山东的一张名片，这个"概念"打造得非常好。还有您说的"太极"和"德州太阳城"，这都是找出了很独特的"概念"。所以我就想问，在找"概念"的过程中，您有一些什么独特的方法？

贾云峰：首先要有三个了解：第一个，了解城市的历史；第二个，了解当下人的生活；第三个，了解自己内心与这个城市的碰撞。

我曾经写过一本书，叫《我脚下的皇城》，这本书再版了一次，叫《北京不为人知的人间烟火》，我在写这本书的时候，北京一些朋友很不以为然，跟我说，关于北京的书从地上摞起来比天安门还要高，你肯定也写不出什么特别的。

当时我刚从上海来到北京，我的北京驾驶员以前是中旅的老司机，他每个礼拜六就带着我去寻访北京的一个地方，当时我们搞得有点像在搞行为艺术，我在自己的房间里布置了一张北京地图，用飞镖去投掷这个地图，扎到哪儿我们就去哪儿，非常的随性。走完北京之后，我就写下了这本书。

贾樟柯曾给我的这本书写了推荐语，里面有这样一句话："云峰非常懂得如何与一个城市迅速产生肌肤相亲。"所以我也希望我们的旅游策划人，或者说其他行业的策划人，都能真正地用自己的内心去感知，而不是用理论感知。当然这个过程还是比较困难的。

人生一世，实际上都是为了解决三个关系而来的。第一个，是"人与物的关系"，我们首先要吃饱，穿暖；第二个，是"人与人的关系"，我们要讲究如何与人相处，要由个体化的人变为社会人；第三个，也是最重要的一个目标，是要解决"人与内心的关系"。为什么我们常怀惶恐？为什么我们赚了钱也不快乐？为什么我们当了再大的官也不心安。原因就是，我们无法回答我们内心的渴望和问题。

而这一点我认为"旅行"能办得到，"旅行"是你在内心迅速积淀的一个过程，迅速停止的一个过程，在停止中又是一个重新提升的过程。

最近我在发微博，其中一条就讲到："旅游可以让自己成长，让他人快乐，让社会充满奇迹。我们爱这个事业就要尽我们的所能维护它的纯真。"能怀着一颗纯真的心、一颗包容的心、一颗真正想与这个城市发生肌肤相亲的心，才能找到这个城市的根。

"经典上海"与"老家河南"的城市定位
——旅游广告语就是对一个城市情感密码的解读

欧阳国忠： 这个概念用一句话来说，就是"全身心地融入"。

贾云峰： 对，我们最近又在研究上海，以前上海叫"精彩上海"，经过我们的调研发现，大众对上海最有趣的感知基本都停留在20世纪30年代，大家认为20世纪30年代的上海永远都是那么优雅，但实际上那个时候又是政治上最动荡的时期。

"孤岛时期"、"花样年华"都是发生在那个时候，所以我们将这个特点定位在"1930"，给"经典上海"策划了一个时间段，叫"1930到2010"，我们认为1930年是上海最有趣的年代，最能体现"上海味儿"的年代，而现在的"2010"因为上海世博会的举行，成为上海最辉煌的年代。

之后我们围绕着"经典上海"这个品牌概念做了延伸推广，给它策划一个活动叫"跨越时空的爱恋"。透过20世纪60年代、70年代、80年代、90年代及21世纪00年代五个不同的年代来解读"经典上海"，以不同年代的人推广不同面貌的上海和不同年代的旅游产品，这是基于对上海深切了解以后产生的"上海感动"。上海给我们带来的永远是非常经典的东西，比如我们小时候骑的第一辆自行车，是上海的自行车；买的第一块手表，是上海的手表。那时的"上海货"就代表了一种"上海精神"、一种"经典味道"。所以我们把上海的旅游形象用"经典"来表达，是传神的。

我们参与了一个案子，是"老家河南"，于2012年推出的。

"河南"过去的定位是"文化河南"、"壮美中原"。这些宣传语听起来很有冲击力，但把它们换给任何一个中原城市似乎都可以。后来我深入走访了五六个河南地市，惊讶地发现，整个河南是如此之有趣。我们以前的"中国"二字，不是指的我们现在的大中国，指的是"中原"，我们很多的姓氏和历史基本上都是从河南衍生出来的，所以说"河南"才是我们中国人真正的"心灵老家"，因此我们给它定位为"老家河南"。

"好客山东"的出现，不但带动了整个"捆绑式营销"的新思路、新想法，更为重要的是，它带动了新的"旅游广告语"的定位理念。早期长短不一的广告语现在得到了全面的整合，基本上都变成四字语了。山东以前的广告语是"一山、一水、一圣人"，一听就是"旅游产品"策划，这是三个大产品组团的产品概念。而我们现在做的不是这些，推广"好客山东"，这是渗透到你的情感密码里的概念，它拨动了你的心弦，让你产生了购买的欲望。

而"老家河南"同样是这个感觉。"河南"是我们祖辈的老家，你的老祖宗就是从河南衍生去建立自己的姓氏和文化的。所以说这些概念的定位，实质都是找到了这个城市与别的城市的不同之处，营造了你去这个城市体验以后的幸福感，因为别的城市没法带给你这些感受。

这几个案子，我觉得是很有代表性的。

另外，补充一下"四字"的概念，比如"好客山东"、"经典上海"、"老家河南"，这"四字"有两大好处：第一，非常适合徽标制作。制作四个字很容易，字越少越稳越像一个徽标；第二，四个字非常好记。普适的概念、简短的字词、准确的定位，让别人迅速记取，这才是营销的核心理念。

山川入划有妙招
——策划是一个系统工程，知行合一要的就是瞬间的感受

欧阳国忠：中国的成语基本上都是四个字，所以说，"四字"是非常具有经典性的，而且读起来朗朗上口，符合中国人的审美观。

旅游，我认为人的心灵与想去的地方要有一定的相通，一定要我们的心灵和这个地方形成一个链接。刚才您谈到，您走过了全国的很多地方。策划，首先就得要走遍这个地方，然后用心灵去感知它，最后再表达出自己的一些感悟。我也曾收到过您的短信，是说从旅途中收获到的一些感悟，这对您去体验各地文化是否有一个很大的帮助？

贾云峰：是的，我在全国各地行走，觉得对于祖国我们才是真正的"陌生人"。回来以后发现了一个有趣的现象，我总是有一些比较片段的感受，这些碎片化的感受很想跟大家一起分享，所以

回来我就把这些感受发给我的朋友们。发了这些东西之后，我发现自己竟然积攒了五万多字，因此，以这些文字为基础我还出了一本书，叫《旅游禅思录》，就是讲旅游中的感受。

我一直想给大家纠正一个观点，我们推广旅游品牌、做旅游活动策划不需要找到这个城市百分之百的亮点，很多人上来就说"我们的山也好，水也好，人也好……"什么都好，最后也没发现哪个地方值得传播。

我想要的就是瞬间的感受，在短时间内找到这个城市百分之十的特点，乘以我们创新传播的十倍，就变成了这个城市的百分之百，也就形成了一个可替代的概念。我们中国很多城市就是找不到替代概念，或者说那个概念跟那个城市的密码或名字连不到一起去。而我们想到的"好客山东"、"老家河南"，当你提到"好客"立刻就想到"山东"；提到"老家"立刻会想到"河南"。所以我想说，我们一定要做这样的策划，这种策划一定是在短时间内对它最准确的第一印象。说白了传递给游客的也就是"第一印象"，这是很重要的一个策划方法。

欧阳国忠：是的，"第一印象"是求得和游客心灵共振最便捷的方式。如果是太深奥的一件事情，游客很难在第一时间感知得到。旅游是一个行进中的过程，游客来是放松自己心灵的。这点我非常赞同，就像是一个精密的"工艺"。

贾云峰：这种"工艺"成果的获得，我认为来自三个方面。

第一，一定是跟着国家大事走。国家想什么，我们一定要想什么。而不是旅游策划人说，我用了我的理论经验、学术经验去研究。我觉得这将会挂一漏万的。比如最近我们要关注的，国家在十七届六中全会推出了"文化强国"，为什么在这时候推出，这是有它内在意义的，这些原因我在很多地方讲课都讲到了。所以我的想法是，我们在做旅游策划，一定要跟着国家大势走，国家最近在关心文化强国，关心智慧城市，关心生态文明的建设，在这些大势中，我们才能进行我们旅游策划。

第二，一定要了解整个传播体系，整个传播运行过程的每一个细微环节。各种媒介我们都要熟悉，了解了不同媒介的优势，我们才知道怎么来利用这个媒体的强势与我们的某个概念相结合。如果盲目地在茫茫大海上胡乱撒网，那是一条鱼也捞不上来的。

第三，我们的策划一定来自长期的思考和经验的积累。这个积累，我是建议大家多读书，有的时候你看了一本侦探小说，或者一本言情小说，都可能在其中发现一种旅游策划的概念。尤其现在大家都在用iPhone，乔布斯成功推出了APP的营销模式，每天有数十万个软件在全国各地供你下载，我觉得每一个软件实际上就是旅游策划传播的一个新方法。所以我们旅游策划人，都要深刻了解当下社会，当你融入了这个社会，并对社会有着自己独到的体悟，你就能在短时间之内找到你可以依靠的资料、可以利用的概念，就可以轻松地应对各种策划了。所以说，旅游策划一定是不断地搜集，不断地感悟，不断地提升，才能有信心面对新的策划，有底气推陈出新。

每一个策划，都是不可复制的，若做不到以上这三点，我觉得就很难做出成功的旅游策划活动来，到最后连自己都会觉得江郎才尽了。就像我们以前做喜剧、做电影，我们要让角色本身参与策划。结果角色会告诉你，你这个东西应该叫什么，当你捕捉到了这个信息。又跟你的内心产生了共振，我认为到这时候就可以传播给游客了。

欧阳国忠：从您做过的案例看来，一个比一个成功，这个成功在于您长期的积累。您目前写了30多本书，而且您还在不断地行走，不断在做新的案子，知行合一。您认为这不断地做、写、思考，再不断地去做，这之间是个什么样的关系？

贾云峰：我觉得这是一个"平行"的关系。因为像我们这个年纪，在工作中积累了一定的阅历，对各种媒介都比较熟悉。我有一个至今还比较自豪的经历，就是从2004年到2006年间，我空出了生命中的两年时间自己开车穿越了35个国家，亲自驾车超过50万公里，采访了世界旅游行业的将近一万人，这个过程就是一个非常好的寻访的过程。它为我的生命打造了一个非常强大的资料库，体味了行走中的人生。

首先，我觉得一定要带着研究的角度去行走。

前段时间大家都在讲，我们的城市要打造一个"日内瓦模式"，或者，我们要打造"塞纳河模式"。实际上什么叫"日内瓦模式"，很多人在做"日内瓦模式"，可自己却不知道。而我在长期的寻访中，尤其是到日内瓦亲身寻访听当地人介绍后才知道，"日内瓦模式"是分四步走的。第一步，瑞士的日内瓦，河道、山水非常漂亮，风光极其秀美，这时就有很多高端人士过去度假；第二步，由于这些高端人士的度假，因而引起了所有的"钟表行"、"珠宝行"对这个城市的关注，纷纷到那里建立了分店，把珠宝卖给这些贵族们和有钱人；第三步，由于珠宝和高端人士经常在那里交易，自然而然地产生了城市的商业氛围。因此，越来越多的高端人士去那儿度假，从而引起了众多国际组织对它的关注。这样"日内瓦"就拉动了联合国、红十字会的总部在那儿落户。而这些总部迁址日内瓦以后，立刻就带来了更多的高端人士、更大的商业氛围，最后才产生了旅游的概念。

换言之，咱们中国哪一个城市能走这四步呢？或者说怎么来走这四步？这都是政府要考虑的问题。政府觉得"日内瓦模式"就是打造一条河，多种点树，环境优美，以为这就是"日内瓦模式"。我觉得这些理解是非常片面的，我们需要深入地去挖掘内在的东西。

第二，是要带着思考和概括的高度去行走。

如何在旅行当中思考。你要有目的地思考，有目的地总结。我认为在整个中国，不缺少专家，真正缺少的是能让生活高度凝练、概括和升华的专家。

一个概念，高度凝练之后又能获得大家的认可，我觉得一定源于这个概念的"朴实"。若是用一个很生涩、难懂的概念去传播，就会产生难以逾越的沟通问题。创新传播可以用两个S来衡量Simple(通俗易懂)和Surprising(大吃一惊)。

第三，是要带着"随时为我所用"的心情去发现和行走。

我在河南给城市做演讲时，演讲完了以后，河南的领导就跟我说，贾总，你要多来讲，我们这些孩子们不太听话，好不容易考上公务员，上了班以后，一看到领导，他们就赶紧切换屏幕，当时领导们都很奇怪，后来发现，原来他们都在开心网"偷菜"。我跟领导说，人群聚集的地方都是有道理的，都是旅游营销的新战场，为什么不能在"偷菜"游戏里面做一个河南的营销游戏呢？为什么我们不可以在开心网上做一个"河南大通关"，让大家免费下载，在游戏的过程中了解河南的历史，最后获得河南旅游的经验呢？这样，大家自然就会产生去河南旅游的强烈愿望。

所以我认为，只要我们带着有准备的头脑和发现的眼光，任何时候你都会找到一个新思路、新亮点，来为你的工作服务。所有人看到一个东西之后，只是觉得好玩，产生了议论，就此而已。而我每次看过之后，好玩，议论，最后我会想，这跟我有什么关系？

跟我的工作有什么关系？而我非常幸运地看到，几乎所有有趣的东西，都会跟你正在发生的工作有着密切的关系。拿过来随时就可以用的。这个概念是我特别想分享给大家的。很多人都觉得一个好东西出现，它仅仅停留在议论和传播上，从来没想到跟自己有什么关系，我觉得每件事都是跟你有关的，因为你生活在这个社会，整个社会是一个有机体，任何一个地方发生了变化或者有趣的现象，都可以把它拿来变成你当下旅游策划的需要。

创新传播从满足需求开始
——做好全媒体的立体传播是创新旅游营销的王道

欧阳国忠：贾总，我对您开车走过这么多国家很感兴趣。这也是从眼界到境界演变的一个过程。如果一个人没有眼界的话，他的境界是很难生成的。所以您这么热衷于旅游，其实是从您的心灵出发的，去寻探世界的美景，同时您会用发现的眼光和思维去求得很多的营养。

您特别注重传播，因为旅游策划的核心点还是传播，这个可能和您的职业出身有关，您是做媒体出身的，了解媒体，所以从访谈中我也了解到，您特别注重各方面受众的需求，因为只有满足各方面需求以后，才能满足我们的需求。任何事情，一定能找到一种方法求得共赢，如果一件事不是"共赢"，绝对也做不长久。所以在这点上，我们找需求，满足需求，从而把事情做大，从媒体的需求上来考虑，这也是一个为媒体提供需要的概念。

贾云峰："媒体从业人员"是中国很特别的一个群体。媒体人员一种是新锐的创新型人物，第二种是可以完成日常工作的维护型人物，第三种就是平庸者。我们发播出来的很多旅游新闻，记者有时连错别字都不改，直接就发了，我觉得这个太不应该。现在媒体的记者越来越缺乏创新思考和对自己职业的责任感。我真的强烈希望大家能有职业的责任感，你爱这个职业，就要尽你最大的努力去维护和发掘新闻的独特价值。

现在很多的媒体基本上都是转载性的，原创性的非常少。我想说的是，你能否为媒体创造事件甚至大事件，它将决定你的活动传播的广度与力度。因为你给媒体创造了事件，媒体也在等着你的事件传播。

欧阳国忠： 媒体每天也在寻找独有的新鲜点，报道、跟踪，免费给事件做广告。从"广府"的事件我们可以看到，传统意义上的新闻，是我们正在发生或当下已经发生的事情。活动有个好处，是制造新闻，制造乐点，引领潮流，因而活动是个很好的工具。从这点上您的体会是什么？

贾云峰： 我的体会有四句话，第一句，"找第一，做唯一"。因为只有把活动做成了第一和唯一才能产生效果。第二句，"知需求，聚游客"。因为只有知道了各方的需求，才能把游客团聚起来。第三句，"高起点，大事件"。一定要做一些国内化甚至国际化的活动。在你的那本《大活动 大营销》的书上看到有这么一句话，说所有大的赛事或大的节庆活动基本上都不是中国原创的，我们每天都是想尽办法去争取它的举办权，比如说"奥运会"、"世博会"等。所以我们要尽量去做一些高起点的事件。第四句，"新模式，新格局"。

另外，我特别想跟我们策划界的人讲，在和客户合作时，"一定有第三种解决办法"。

很多时候，政府提了一个方法，这个方法可能不是最可行的，或是基于他单方面考量的，而我们也提出了一个方法，但两个方法却永远融合不到一起去。最后，我们的团队只能说做不了，我们沟通不了。我一直告诫我的团队一句话："一定有第三种方法。"因为第三种方法才是真正了解了政府的需求，了解了游客的需求，同时了解了我们自己需求的一个共生共荣的方案。在活动营销中也一定是有第三种方法的，因为它是一个长期的全面的系统工程，从策划到执行到预算，甚至包括拉赞助等。所以必须形成一个整体的传播概念，整个产业链条缺任何一个环节都会影响活动的营销效果。我们不能对任何人因我们对自己执着的一己之见而产生矛盾，那整个活动就无法继续推进了。

欧阳国忠：您有一本书叫《旅游创新传播学》，在您的观念里面，您的创新传播，创新在哪？有哪些特殊的渠道？

贾云峰：旅游的创新传播，一定是创新在四个地方。第一个，是创新在旅游的"定位"，有了定位才能打动游客；第二个，是创新在旅游的"产品"，定位再好，没有产品，游客无法感知、无法体验还是没用；第三个，是创新在旅游的"营销"。营销是第一概念，表达方式是第二概念。我们的新媒体其实也有很多新的媒介营销形式，也为我们的创新传播媒介带来了每天更新的可能；第四个，是创新在旅游的"模式"。中国的旅游太缺少模式了，我们做的很多东西都是即兴发挥，做了几年以后就不干了或者又换了一种模式，我觉得一定能探讨出一种适合当下中国人消费的模式，而不是全部从西方拿来照搬。

旅游是一个真正的"战略型的支柱产业"，这是政府提出来的，而"战略型的支柱产业"现在竟然没有完整的"旅游法"，竟然没有完整的旅游运营的可执行、可复制全国推广的模式。现在旅游经验基本上都是地方经验，而没有成为"中国经验"。而"中国经验"的提出，还是要落到"中国服务"上来。你到海外或者欧美去，你会发现很多城市都在推行模块化、标准化。而且这种经验的推广，不是一次性的，是永久性、长期性的。我们过去做过很多事，可都没有坚持和保留下来，最后不了了之。所以我觉得所谓的"旅游创新传播"，不是单纯的落脚于宣传推广上，为宣传而做活动，旅游的创新传播一定是创新在定位、产品、营销、和模式上。

欧阳国忠：现在还有一种"节庆营销"，从国际上来讲，像"慕尼黑的啤酒节"、"西班牙的斗牛节"、"巴西的狂欢节"以及"威尼斯的电影节"等，它们这些国家如果打造一个著名的节庆，可以吸引来很多世界各地的游客。在我们中国的话，有哪些这方面的实际案例，或者说国外的这些节庆旅游能给我们怎样的一个启发？

贾云峰：现在中国比较有名的活动如大连的"服装节"和青岛的"啤酒节"等，都是做得非常好的。旅游的节庆活动，旅游及城市的打造，它一定是与这个城市内的在文化氛围和个性有关，而不是说强加上的标签。为什么青岛"啤酒节"长年不衰，因为它有青岛啤酒在。为什么大连会做"服装节"，大概20年前，我就认识了很多大连人，那时我们还真的不知道什么叫"皮尔卡丹"，他们就会拿出自己几个月的工资去买"皮尔卡丹"，大连人是非常有爱美之心的，对服装有强劲的消费能力，他们认为服装消费非常值得，甚至少吃几顿饭也要穿几套名牌服装。这在年轻人中一直成为一种时尚。有这种城市特点和文化氛围才完成了这个节庆品牌的树立。

现在中国的旅游策划应该往"三民主义"方向发力。这个"三民主义"不是孙中山先生说的"三民主义"，我说的是指"民族的、民俗的、民生的"。"民族的"意思是，如果假设有一个特殊的少数民族在那儿，那我觉得应该打造一个少数民族的大型的节庆活动，它会跟这个城市密码完美结合的。"民生的"，就像我们刚说的"啤酒节"，它本身拥有的资源，与大家生活息息相关。"民俗的"是说，这个城市就爱好这个，喜好这个，然后我们又发觉它跟这个城市产生了一个概念。我一直觉得旅游品牌或旅游节庆品牌，它不可以和任何城市产生联动关系，它一定是为某个城市而精心打造的，它是这个城市个性的一次集中的"火山喷发"。

所有的节庆活动，它一定是跟那个城市固有的文化底蕴和喜好相关联的。不是独立凭空空降一个品牌，而是从内部抽出一个品牌进行扩大和发展。

"大黄河之旅"掀开了世界名河与中国黄河的对话
——高起点、大事件，打造旅游品牌的最佳捷径

欧阳国忠：在您的策划里，还有个"大黄河之旅"我觉得做得非常好。这个案例您能给我们讲解一下吗？

贾云峰：我在河南省旅游局做全局培训的时候，三门峡旅游局局长对我说："我们黄河的三门峡市旅游节做了16年了，到目前为止还没有一次获得省政府和国家旅游局的认可，都是我们市里面做的，我们策划了很多东西，比如'双胞胎漂流'。可我们的档次和级别一直没有提高。"他对此很是苦恼。

至今我还颇为自豪，我和他当时仅仅交流了15分钟，他就同意合作了，而且是马上合作。我向他提了两个问题：第一个问题，第17

届黄河旅游节有一个巨大的政府背景，它是每年的5月18日举行，但2010年的5月19日是中国创办的第一个"旅游日"，"中国旅游日"是每年5月19日，我说你为什么不能晚一天做呢？晚一天就是跟"国家旅游日"同时做，有纪念意义又有号召意义，也会赢得国家旅游局对你的关注。第二个问题，因为有个"中流砥柱"的特殊景点，三门峡旅游一直打着"黄河概念"，但这个"黄河概念"没有联动意义，当地再怎么闹，也仅是当地的品牌，要把它做成更大范围或者具有国家联动意义的品牌才会产生吸引游客与造势的效果。国家只有两个国际性的著名旅游品牌，一个是"丝绸之路"，另一个是"长江三峡之旅"，你为什么不可以在黄河打造一个"大黄河之旅"？

我首先按照交流的思路给接下来的活动做了一个定位，紧接着，我又提出了两个活动，第一个活动，我想邀请全世界十大著名河流，比如亚马逊河、尼罗河等的旅游局长或者在国内的大使，请他们来"对话黄河"，把级别一下就提升到了国际化。第二个活动，我想在这次的会议上形成"大黄河之旅"全国联盟，请沿黄九省的省长过来参加会议，这样就形成了联动势态。

这样一来，5·19的国家旅游日、对话黄河，加上九省省长签约，如果这三件事做成了，媒体不需要你去请，他们都会来强力关注的。

当时三门峡旅游局就问了两个问题：第一，这需要花多少钱？第二，这可能办到吗？

他说，我们以前请一个省长都费劲，你一下要请九个省长？

我告诉他，你只要能把这件事的意义讲明白，就能取得国家旅游局和河南省旅游局对你的认可，他们都认可以后，你再以上级旅游局跟你们合作的名义给这些省长们发函，说我这里要打造一个

"大黄河之旅"，没有一个人不会应和你的。

在国家旅游局、河南省政府、河南省旅游局的关心下，他们把邀请函一起发给了九个省的省长，然后九个省全部安排了副省级领导来参与会议，我们当天的会议一共邀请了九个省的领导，十个国家的大使，一万多人的现场观众来参与这个活动，活动轰动一时，这就是"第17届中国(三门峡)黄河旅游节"。

这也是"高起点，做大事件"才能形成新的旅游品牌。"大黄河之旅"再做两届，这个品牌就固化了，品牌都是有一个塑造、固化、提升的过程，我希望第18届也就是明年的5·19还是由我们公司做，我们把这个品牌就固化在"三门峡"，以后大家一提到"大黄河之旅"，就知道它的发起地是"三门峡"。

旅游产业化的未来之路
——建立可复制的商业模式是壮大和发展旅游产业的必由之路

欧阳国忠： 这个大事件的制造非常好，您在策划中很注重给对方带来实效，这样才能做得长久，把一个景区做成做透，比如说"好客山东"。而不是像很多的策划公司打一枪放一炮再换一个地方。从营销的成本上来讲，做一个好的老客户要比做一个新客户要节省七倍的成本。

贾云峰： 对，我非常认同这一点。

欧阳国忠： 这里有一个信用程度问题，你们是怎样去赢得客户长期来合作的？

贾云峰： 这一点我可以非常自豪地讲，经过我们团队近几年的努力，虽然我们做过的案子并不算业界最多，但是由于我们对这几个案子的全身心投入、由于我们是跟客户共同拥有创造一个作品的心态，所以我们的每个案子做成之后，立刻就会引起整个社会对我们的关注。

我每年受国家旅游局和地方旅游局的邀请，进行60多场的演讲，等于一周要做一次。同时我们有上百个旅游景区、旅游局来跟我们公司寻求合作，我们竟然没有一个是通过营销得来的。基本上都是对方找上门来。所以如何深挖做一个产品的品牌，如何让这个品牌变成你的品牌，我觉得是非常重要的一点。现在的旅游已经从纯粹的品牌营销过渡到了产品营销，最后过渡到了产业营销。这才是给中国旅游带来的长期效应。

我在旅游界第一个倡导"节庆活动"或者说"旅游营销转化率"这样一个概念。我做了这个概念以后，到底能转化成多少游客？转化成多少投资商？转化成多少人对这个城市的有效关注？这一点我认为也很重要。

我最近也在调整我们的战略，2012年第一个调整，我希望将我们现有品牌深挖细作，再出品牌，再出高潮，让品牌和事件说话。

第二个，我希望和更多的省级品牌合作，我刚在贵州、重庆、陕西、河南、上海等省、直辖市进行了演讲，因为只有省级品牌做起来才能支撑起整个中国的国家品牌形象。

第三个，我想对一些老景区入手，开发出老的国家度假区、5A景区的新亮点，比如说，我们正在紧密合作的张家界、黄山等。"黄山"提出了"三进旅游"概念，让营销"进社区"、"进学校"、"进企业"。这都是旅游的新想法、新思路。

第四个调整，不是为每个景区做策划，而是能尽快地建立一套理论的体系，让这些景区可以参照。我每次出去讲课，就希望它能传播给别人。我希望看到无数个"好客山东"这样的产品出现，你想，整个中国只有旅游的大势起来了，我们才能在里面形成更多的作品，如果旅游仅仅是个别的爆发品牌，到最后旅游的整体的效果还是起不来。

我热切地希望跟我们旅游界的同行们、官员们以及我们的团队探讨，希望大家都重新唤起一种激情，重新点燃你对旅游事业的炽热的感情，我甚至希望每个营销作品应该有"灼伤感"。

欧阳国忠：未来的中国旅游市场，肯定是非常可观的。那么，在旅游策划和推广这个行业中，怎样才能壮大和发展自身？我们是否会从那些知名旅游景区的开发中总结出了好的开发思路，包括理念创新？但最终要将这个行业做大、做强的话，就得考虑如何把它模式化，就像"携程模式"一样，让这种模式能够尽可能好地被复制，然后让更多的人从这个复制中去受益，这个才是我们这个旅游策划或营销行业里面亟待解决的问题。从这个角度来说，我们自身对这个创新模式有什么样的思考？对于我们这个集团未来的发展方向在中国的旅游界或世界的旅游界是一个怎样的定位？

贾云峰：我们现在旅游策划的商业模式，有它的"原罪"，那就是它的局限性很大，很难规模化、流程化，策划和创意的产生、执行过于个人品牌化和即兴化，所以我们整个行业必须要找到一个可以复制的经验，才能把行业做大。

现在的中国，为什么那么多的旅游策划企业，做不成特大型企业或者说做不成上市企业？原因就是我们创意的即兴率太高，往往就是一两个策划师，他的资源很好，他的策划就很强，所有策划都围绕这一两个人物的水平来发挥，每一个项目都需要品牌性的策划人全程参与，很多策划人是越做越小，很难规模化，一旦生意多了，质量就保证不了。造成我们整个产业链无法扩大。

我们团队在迅速地完成四种机制建设，第一是理论研究机制，我们一定要迅速形成模块，把它做成一种学科体系。

第二是人才培养机制，我觉得整个中国，不是旅游策划多，而是几乎没有，我现在最大的瓶颈是在市场上招募团队，找不到这样合适的人。要做我们这行，第一要懂政府，第二要懂媒体，第三，要懂旅游，第四，要懂产业，我觉得四个方面都了解的人，基本上都自己干了，不会给你干。我现在在十所大学里面讲课，我为什么不遗余力地在大学里面讲课，主要原因就是希望发掘一些后备力量，这也算一种人才培养机制。

第三是作品的固化和知识产权问题的机制，现在很多作品就是做了一段时间后就悄无声息了，我觉得太可惜了。我们要开发全产业链，形成多头并进的策划氛围。

第四是建设行业标准，维护市场秩序。旅游策划在中国基本上没有标准，没有人员标准，没有内容标准，没有收费标准，没有完成标准，没有质量管理标准，因为都没有，所以说这个行业还是比较混乱的。比如说你找一个大的策划师，他可能跟你说报价五百万，你找一个普通的可能给你报十万，还有人说出五千块钱就能给你出一个创意和定位，这种市场是非常混乱的。我认为亟待于理清市场秩序，同时培训出一个非常好的人才团队来进行策划和理论研究，最后形成策划的理想思路。这个过程，我一直想用新媒体来贯穿，我觉得新媒体可以让你的传播非常地迅速和平民化，像微博、博客等都非常好。

国家一直在做"物联网"，国家领导亲自在无锡等地指导设置这样的"物联网"基地，形成中国的云平台和云计算，达到物和物的交换，人和物的交换等。我认为中国亟待于出现一个"旅联网"，应该把中国的所有的旅游交互平台、旅游的策划平台、旅游的商业模式、商业平台，甚至是旅游策划的一些概念，都能通过一个云平台来进行合作和整合。

我最近正努力在做这方面的探索，我希望能够有一种新媒体的方式来整合这个旅游的产业链，如果能够做成这样的一种模式的话，我认为就完美了。某种程度上，整个中国旅游产业瞬间就在某一个平台上整合了。

我们的商业模式也存在问题，我们的收入和产出，尤其是投入被大规模地低估，很多人会认为，几百万仅仅就买我们一个策划报告很不值。这几百页的策划报告，它是多年的探讨，多年的考量，许多资源的整合、思维的火花，好多人没有认识到创意这个概念的价值。所以我认为一定要把创意知识产权化，这点非常重要。

而如何把德安杰这个企业做大？我觉得就是在实现以上这四种机制以后，让企业成为开放的平台，实现真正的"合伙人"制度。前段时间携程网做了一个调研，发布了一个数据，说我们中国从2010年开始正式进入旅游发展"黄金10年"。我特别想跟大家说，今年是"黄金10年"第一年，我们做了些什么？明年我们又应该做些什么？这"黄金10年"，大量的政策、政府的关注、资金都在往旅游行业流动。是不是我们该有一些新的东西，在这个行业中迅速产生"巨无霸"似的一个思想体系呢？是不是能在这个行业中真正产生一个商业模式，能让旅游策划变成一个独立的商业模式呢？

"策划"完全可以成为一个单独的行业。但这个行业目前的体量、模式，都需要我们尽快突破，否则就会变成全都是"策划人"。这些策划人名气很响，但是并没有挣到钱，并没有来自市场对他们的劳动成果的肯定。

所以，我一直在想，市场上应该呼唤多出现余秋雨、韩寒、郭敬明这样的人，只有很多这类型的人依靠文化成为亿万富翁了，这个文化产业才能做起来。这些人才体现了文化的健康、健全和对文化的尊重，旅游策划界也一样。

欧阳国忠：从市场需求来讲，策划创意的需求是很大的。这个行业确实还缺乏有号召力的人物来建立一个标准。因为"策划人"不是一个不可替代的，"执行"却是完全可以替代的。没有这个人就策划不出这样的活动，这个价值是无限大的。但怎么进行一个标准化、流程化、或者进行一个批量创造价值的模式化，我觉得这是需要去探讨才能创立的。

比如我在做活动营销，我试图在做一个平台，别人要采购的话，我完全可以量化地来做，有人说"创意"是不好量化的，我可以说，为什么牛顿因为一个苹果从树上掉下来，他可以用一个公式来表示。有人说"中餐"是不可以量化的，那为什么"蒸功夫"他可以做出这么标准化的东西来。所以我觉得这个市场还是可以把他做大的。就是一个方法，我们这个行业需要一个领军人物或领军企业去搭建这样一个平台，去号召更多的人。

比如说，旅游策划采购的一个市场，因为全国很多地方有同质性，区域不同，但问题是相对应的。比如说"名人故居"，我觉得要系列化地内向合并，找出问题，这样我们就可以分项目组做了。这需要有一支大的队伍，把各自不同的强项聚集到这个平台上来。形成利益的共同体。我觉得这样来做不失是一种方法。

贾云峰：现在我觉得我们旅游市场完全不缺战术，而缺战略。

比如"规划"这个版块，放到旅游全产业链里，基本上都是战术型的。很多旅游景区一请规划公司过去，就是"一轴两线、三区四块、五线分割"等这些空间布局或理论性的东西。而这些东西根本没解决问题，这问题就是"景区到底是什么"和"到底卖给谁"。我觉得中国旅游真的缺少战略型的策划公司。

欧阳国忠：他们这是技术主义，完全是由"模具"去操作，根本没有找到一个策划应该有的"魂"。昨天我去参加了一个地方政府项目的专家评审，他们做得很简单，操作模式也是想当然而来，没有去寻找这个策划的支撑点和爆破点，就这样简单地拍着脑袋想出来的活动方案，根本没法做出效果来。

我也觉得中国的文化产业规划将来很可能会走进一个很大的误区。每个地方的领导，他们旅游或城市推广受到的最大制约就是这个策划不到位，所以策划创新这个产业市场很大。他们操办了很多的活动，结果却像您说的完全是"自娱自乐"了，其实领导们原本的意思也不是想"自娱自乐"，只不过没有人能给他们提出好的方法，没有人给他们解决这些问题，领导只能是依照那些旧模式做起来，毕竟做出来总比不做好，您认为呢？

贾云峰：领导们也处在纷繁复杂的旅游市场选择的困惑中，我们中国旅游界的领导真正学旅游的很少，很多是来自其他行业的，还有就是我们政府的体制造成我们的领导更换太快。很多局长是刚刚弄明白，马上又调走了，所以造成我们很多政策很难得到实施，策划很难得到执行。

最重要的，是政府需要把旅游树立成一个大产业，一定要把旅游的策划在某种层面上跟市委书记、市长形成一把手工程，我认为中国的很多旅游局局长真的非常有能力，但他们可调动的资源真的很少。什么叫

"局长"，我开玩笑地说，就是"懂得用局部撬动全局的人"。

像山东省旅游局的于冲局长就是，他用局部撬动全局。但你看，山东省每年的旅游会议主题，要求下面都是市长参与，而且每次都是副省长亲自主持开电话会议。中国有句话叫"老大难，老大难，老大抓了就不难"。因此，我要说，一定要把旅游上升为一把手工程。

第二，我认为旅游非常重要，要让领导认识到旅游在国民产业当中的实际重要性，要让大家在思想意识上提高。而且一定要让旅游的决策法律化、固定化。最好是四套班子统一定下五年工作计划，再换市长也不改了。我们现在换一个市长，基本上都换了，规划全重做，策划全重来。这样就造成了我们整个规划的贯彻性太差。城市"一而贯之"的文化性格永远是有理的。

欧阳国忠：所以说从中国的当下环境来讲，这是个不可控制的因素。做一个产业化是要在一个可控制的范围内才能把它做大，我们策划了这么多的案例，这些案例做出了很好的效果，反过来说我们能不能做一个平台，能够很好地进行资源的整合，然后扩大规模，发展壮大这个产业。

贾云峰：我认为，文化它要成产业还是有一定距离的。比如说，活动或者策划形成一个交易平台，都是可以的。但我还是觉得，它还是小了一些，因为，它仅仅是某一个细微市场的一个整合平台。

我真的希望，我们国家倡导成立"旅联网"，因为"旅联网"才正式地把策划、规划、投融资、旅游订购、旅游产品，甚至旅行社交易，在一个平台上整合，我觉得这才能产生真正的大市场。反过来，我们仅仅整合这个策划市场，很有可能走入误区，到时候全都是小策划公司，那领导更加不知道怎么选择了。可能这些小公司里有一两家是比较好的，但大多数公司是无法保证的，到时他还是会抛弃这些平台，再去找一家大公司。所以我觉得整合细微市场还不如整合产业市场。

欧阳国忠：贾总，您的办公室里有一个条幅："为山川立境界，为乡土传精神"。我能感觉到您投身于这个行业，您是把它当成您生命中的一部分来做的。所以，我相信，这个事业您一定会越做越大，一定会为中国的旅游业做出很大的贡献。感谢您！

案例 壹基金·邯郸联手打造中国公益城市系列活动策划书

邯郸：全城之爱

站在绚丽的城市上空
为崭新的生活而快乐
为温馨的人世而感慨
用爱把人们心门打开
壹基金 一家人
全城互动 全面参与
中国第一公益城市
邯郸
横空出世

一、活动背景

公益，城市的新名片。

一座城市的魅力，不仅仅在于她的行政意义、财富意义、历史意义，更多地在于她的文化底蕴和包容性，让不管是生于斯长于斯的城市人，还是生活在这个城市的外地人，都能感觉温暖、有人情味、充满幸福，直至我们提起一个城市的名字，就心驰神往。

而城市文化性和包容性的营造，必须依赖于公益事业的发展，因此，我们可以说，"公益，让城市更美好"。一个城市的公益事业发展，是衡量其是否具有现代化和国际化的标准。

中国红十字会"李连杰壹基金计划"是2007年4月19日由中国红十字会"博爱大使"李连杰先生发起，在中国红十字总会架构下独立运作的慈善计划和专案。壹基金是立足于中国的国际性公益组织，分别在中国大陆及香港地区、美国和新加坡设立了办事机构。在中国大陆地区，壹基金与中国红十字总会合作，成立了"中国红十字会李连杰壹基金计划"，致力于传播公益文化，搭建公益平台，以推动公益事业的发展。

为传播中国公益文化，推动中国公益产业快速发展，同时，也为深度激发邯郸市的公益氛围，树立邯郸崭新的城市形象，打造社会知名度，让公益成为邯郸市的又一个响亮的城市品牌，邯郸市人民政府携手李连杰壹基金，深度合作，共同探索尝试中国公益事业的"邯郸模式"，邀请中国四大公益城市代表，共同探讨中国公益领袖城市的发展，将邯郸建设成为"中国第一公益城市"。

二、活动宗旨

打造公益领袖城市，推动公益产业发展。

弘扬太极文化精神，打造东方神秘古城。

三、理念

爱心是中华文化的核心理念之一，将优秀的中华传统文化与时代精神相结合，将一双双手伸向需要帮助的人，这是中华民族优秀精神的集中体现。公益城市，充分反映出这个城市的文明和谐和精神价值。希望从邯郸开始，从一个小社区做起，扩展到整个城市，从一个城市，带动全国所有城市爱心涌动。

壹基金提出：1人+1元+每1个月＝1个大家庭的概念，即每人每月最少捐一元，集合每个人的力量让小捐款变成大善款，随时帮助大家庭中需要帮助的人。

壹基金本着"人道、博爱、奉献"的红十字精神，秉承"全球一家人"的理念，致力于传播公益文化，搭建公益平台，推动公益产业的发展；同时，向在各种灾难和突发事件中遭受创伤的人士提供尽可能的人道援助。立足于中国，壹基金正逐步成长为一个国际性的公益品牌。

邯郸的活动是一次爱心铸造现代城市品牌，爱心构建和谐社会基础，爱心引领城市科学发展，爱心推动社会文明进步的盛会，得民心，顺潮流，对贯彻落实党中央确立的执政为民理念和科学发展观，继承和弘扬中华民族仁爱美德，推进民生保障和慈善公益事业，构建社会主义和谐社会必将起到越来越大的推动作用。

四、活动关键词

围绕邯郸市人民政府携手壹基金，"一条主线，二个活动，一大论坛"立体宣传，整合营销。

一条主线：打造公益领袖城市。

二个活动：全城宣传壹基金和公益城市："阳光计划"；摄影

家专题拍摄。

一大论坛：2010首届东方神秘之城论坛。

五、活动亮点

四个"一"工程

1. 一次盛会

邀请公益领袖、壹基金创始人、国际著名武术巨星李连杰亲临现场，打造一场引爆全城，轰动全球的公益事业盛会。

2. 一个品牌

携手中国红十字会、壹基金，共同打造"中国第一公益城市"城市创新品牌。

3. 一个协会

与世界12个国家或地区的太极协会联盟(12象征太极12动)，共同组建国际太极拳协会，邯郸市为协会总部。

4. 一个联盟

日本奈良古城、韩国庆州古城、马来西亚马六甲古城、叙利亚阿勒颇古城、泰国素可泰古城、山西平遥古城、云南丽江古城、陕西西安古城、湖南凤凰古城代表共同签订"东方神秘古城旅游目的地联盟宣言"。

六、组织方式

特别支持：中国国家旅游局
　　　　　　李连杰壹基金
主办单位：邯郸市人民政府
承办单位：永年县人民政府

广府生态文化园区管委会

邯郸市旅游局

德安杰环球顾问集团

鸣　　谢：中国新闻摄影协会

中国地市报新闻摄影协会

七、举办时间

2010年11月30日 邯郸

上午10:00—11:00 壹基金活动启动仪式

下午14:00—18:00 二大活动一大论坛同时展开

全城主要商业区壹基金活动

一双温暖的手；一个温暖的笑容；一句温暖的问候。

纵然风雪交加，我们却并不寒冷。

有壹家人的陪伴，永远不会孤独。

1. 邯郸大学生志愿者为慈善街头宣传壹基金，为需要的人伸出援助之手!

2. 中国新闻摄影协会摄影家拍摄古城。

3. 2010首届东方神秘古城论坛，签署"东方神秘古城旅游目的地联盟宣言"。

八、媒体支持

全程电视媒体：中央电视台

全程网络直播：新浪网

国家级媒体支持：新华通讯社、中国新闻社、人民日报海外版、《京华时报》、《中国青年报》、《中国旅游报》、《中国文化报》、《中华工商时报》、《中国改革报》、《中国经济导报》、《经济参考报》、《北京青年报》、《国际商报》、中央人民广播电台、千龙网 、中国网、网易、中国广播网、搜狐、《环球游报》、tom网、中国经济网、中国旅游新闻网、环球旅游网、中国产经新闻、《中国商报》、新浪网、国际在线、腾讯网、北青网、《环球时报》、《北京青年周刊》

海外媒体支持：全国广播公司(NBC)、哥伦比亚广播公司、美国广播公司(ABC)、美国有线电视新闻网、英国广播公司(BBC)、日本广播协会(NHK)、加拿大电视台(CTV)、韩国kbs电视台(KBS)、探索频道、国家地理频道。

河北省媒体：《河北日报》、《燕赵晚报》、《燕赵都市报》、《邯郸日报》、《邯郸晚报》、河北新闻网、河北广播电台、《石家庄日报》、《精品导报》、《生活早报》、河北卫视、河北经济台、河北都市频道、河北影视频道、河北公共频道、邯郸电视台。

九、其他推广形式

1.《视线》会刊

2. 中国旅游出版社邯郸寻访图书独家发现、个性体验。国家顶级出版社出版。

3.《中国旅游报》整版推介活动和连续报道。《中国旅游报》专业、大型，能够定期重复性加强受众对邯郸市的良好印象，促进旅游欲望。

4.《人民日报》整版报道

5. 博客和微博互动推介

在"中国旅游第一博"连载邯郸景点博文，利用其他新媒体展示邯郸旅游风貌。

博客地址：http://blog.sina.com.cn/yunfengjia

德安杰环球顾问·北京

2010年10月22日

案例 2010首届东方神秘古城国际论坛策划书

为了明天的文化遗产
拯救 提升 打造 传承

一、论坛亮点：5个"一"工程

1. 中国第一次跨越地域，东方神秘古城集体对话；

2. 中国第一轮迈向国际的东方神秘古城联合推广；

3. 中国第一个神秘古城国际论坛，可定期组织，成为交流固定形式；

4. 中国第一个仿APEC(亚大经济合作组织)，嘉宾身着广府古城特色太极服的高端会议；

5. 中国第一个塑造神秘古城旅游的"广府范例"，全国推广。

二、流程亮点

1. 参会主要领导及嘉宾、古城代表全部身着太极服参会；

2. 八位东方神秘古城代表以创意方式，集体推开广府古城大门，见证其新生；

3. "心中的古城，明天的遗产"巨幅儿童画现场温情展示。

论坛规模：200人。

三、论坛流程

时间：2010年11月30日下午14:00—18:00。

13:30—14:00 嘉宾、媒体签到；

大屏幕循环播放广府风景与文化地位宣传片(灯光暗)。

14:00—14:03 片头播放"为了明天的文化遗产"；

片头播放结束，画外音响起：有请主持人邯郸市副市长武卫东先生出场。

(武市长主持环节)

14:03—14:25 开场致辞(每人5分钟发言)

邯郸市委或市政府领导致辞；

永年县委县政府领导致辞；

国家旅游局综合协调司司长、国家旅游局新闻发言人张坚钟先生宣布开幕。

(音乐、喷筒式礼花、开幕flash)

(流程主持人主持环节)

14:25—14:35 古城之约

主持人介绍"东方最神秘的八座古城"代表：日本奈良古城、韩国庆州古城、马来西亚马六甲古城、山西平遥古城、云南丽江古城、陕西西安古城、湖南凤凰古城、邯郸广府古城。

共同推开象征广府的古城大门，见证这座神秘古城的新生。

14:35—14:50 "东方神秘古城"网站开通仪式

主持人阐述网站开通背景、由来；

参会领导及嘉宾共同开启"东方神秘古城"网站。

(欢呼音效，全场鼓掌)

14:50—15:00 "东方神秘古城"揭牌仪式；

主持人请出揭牌嘉宾——中国古城古镇古村产业联盟执行主席夏松或副秘书长曹喜蛙，并做简要讲话，

嘉宾揭牌。

(欢呼音效，全场鼓掌)

15:00—15:10 茶歇+自由交流

15:10—16:15 主题演讲 (每人20分钟)

戴斌(著名旅游管理专家、中国旅游研究院院长)

阿拉斯泰尔•莫里森Alastair Morrison(美国著名旅游服务与营销专家，美国普渡大学教授，旅游研究世界排名前五)

毛丹青(日本观光局文化大使、跨国文化专家)

贾云峰(中国旅游协会休闲度假分会常务理事、德安杰环球顾问总裁)

17:05—17:45 头脑风暴

风暴嘉宾：武卫东(邯郸市副市长)、房延生(邯郸市旅游局局长)、李剑青(广府生态文化园区管委会主任)、贾云峰(德安杰环球顾问总裁)，平遥古城、丽江古城、西安古城、凤凰古城代表。

风暴话题：神秘古城的文化传承与品牌提升。

17:45—18:00 尾声

主持人总结本次论坛亮点，宣布结束。

德安杰环球顾问

2010年11月11日

案例

三门峡国际黄河旅游节
"对话黄河"大型活动
特别策划

第一次跨越时空观赏大河奔流的壮举

第一次全球瞩目的人与自然宏大叙事

第一次一个民族与母亲河的亲密对谈

第一次探求河流文明的万人誓师行动

一、缘起

古巴比伦、古埃及、古代中国、古印度构成了四个人类文明最早诞生的地区。人类今天所拥有的很多哲学、科学、文学、艺术等方面的知识，都可以追溯到这些建立在容易生存的河川台地附近古老文明的贡献。

古老的中华华夏文明就是由黄河文明发展而来。九曲黄河，雄浑跌宕，以其博大的胸怀和非凡的气势哺育了中华民族。以今天的河南省为核心，大中原地区文化便是黄河文明的中心。

黄河，黄土地，皇帝，黄皮肤以及传说中的中国龙，这一切黄色表征，把这条流经中华心脏地区的浊流升华为圣河。《汉书·沟洫志》就把黄河尊为百川之首："中国川源以百数，莫著于四渎，而黄河为宗。"

本次黄河国际旅游节，本着达到"规格的提升、观念的高度、活动的震撼、权威的联盟"的宗旨，我们推出"对话黄河"母亲河的特别策划，力求突破以往三门峡市活动的地域局限，整合资源，真正使得三门峡市黄河文明的特色脱颖而出。

本次策划围绕被誉为"万里黄河第一坝"的三门峡大坝展开，

"人门"，"鬼门"，"神门"，三门的历史传说与现代人的祭奠
与思考交融。

这是中国第一次以黄河文明为依托，跨越地域，对话文明；中国
第一个全球著名河流文明的联合发布《对话母亲河》万人誓师大会。

这次活动意义重大，是中国第一个河流文明国际论坛，并可成
为国际交流固定形式，每两年定期组织国际主题研讨会。

在这次活动上，将发布中国首个"拯救 保护 传承 弘扬黄河文
化宣言"。

通过这样大立意、高规格的活动，以三门峡为中心的黄河文化将获
得广泛的关注，并在行业内树立引领作用，第一个塑造中国河流度假旅
游的"三门峡范例"，发动对历史、人文的思考，将在全国推广。

二、主题

"对话黄河"——我们的母亲河

三、时间

2011年5月

四、主办单位

主办：河南省旅游局

　　　三门峡市人民政府

承办：三门峡市旅游局

　　　德安杰环球顾问集团

全程支持媒体：中央电视台

　　　　　　　河南电视台

全程网络媒体：腾讯网

新浪网

央视网

五、特邀嘉宾

世界十大河流代表：

尼罗河、亚马逊河、长江、密西西比河—密苏里河、黄河、澜沧江—湄公河、刚果河、勒拿河、黑龙江、额毕—额尔齐斯河。

中国十大河流代表：

长江、黄河、黑龙江、松花江、珠江、雅鲁藏布江、澜沧江、怒江、汉江、辽河。

黄河贯穿的九个省的自治区省领导、旅游局代表：

青海、四川、甘肃、宁夏、内蒙古、陕西、山西、河南、山东。

六、流程

第一部分 "对话黄河"——万人誓师大会

地点：三门峡黄河边中流砥柱

上午9:00—9:30万人誓师现场签名

所有领导，参与嘉宾，到场群众在10米长的横幅上签名。

上午9:30—9:40

三门峡市旅游局局长水贤礼主持

领导致辞(杨树平 三门峡市委副书记、市政府市长)

上午9:40—9:50

领导致辞(李立江 三门峡市委常委、市委宣传部部长)

上午9:50—10:05

邀请钱文忠教授上台，将百字祭文交给杨书记。

特邀祭文撰写：钱文忠(复旦大学教授《百家讲坛》主讲人)

上午10:05—10:35 乐舞告祭

音乐缓缓响起，八位舞者从观众席走上舞台，开始表演舞蹈。

第一环节 "人门"

寓意三门峡第一道门"人门"水势稍缓，随着音乐的节奏逐步加快，又有八位舞者走上舞台，寓意三门峡。

第二环节 "鬼门"

水势渐急，音乐逐步到达高潮，十位舞者从舞台两边加入，二十八位舞者表演告祭舞蹈。

第三环节 "神门"

象征着水势达到最湍急。

由杨书记宣读百字祭文。

上午10:35—11:00 黄河颂经

舞者退下，一百位孩童上台排成"一"字；伴奏音乐响起，孩童在黄河边手捧《道德经》诵读，与现场所有来宾共同感受涵关古道老子的逍遥风采。

上午11:00—11:10

部分孩童诵读后走到领导席，将一幅百名儿童画的"三门峡白天鹅风景画"长卷赠送给到场重要领导；主持人宣布上午誓师暂告结束，下午论坛继续进行。

(合影时间+所有领导嘉宾到酒店用餐)

第二部分 文明的碰撞与对话——世界河流高峰论坛

地点：酒店(待定)

特邀嘉宾：余秋雨(世界著名人文学者)或易中天(著名学者)

钱文忠(复旦大学教授《百家讲坛》主讲人)

下午1:00—1:10

论坛大厅播放刘文金的《三门峡畅想曲》，嘉宾和领导陆续到场就座。

大厅两边陈列世界、中国十大河流以及黄河的摄影图片。

下午1:10—1:15

主持人串词，视频短片播放《大河奔流》(以黄河为主，画面展示中国十大河流自然风光)；

灯光暗，现场投影与视频多媒体融为一体，使来宾感觉置身河流美景中。

下午1:15—1:20

灯光亮，三门峡市旅游局局长水贤礼讲话，介绍来宾。

河南省领导宣布论坛开始。

下午1:20—1:40

世界十大河流代表之一主题演讲：河流的精神。

下午1:40—2:00

中国十大河流代表之一主题演讲：河流的文明。

下午2:00—2:40

余秋雨或易中天主题演讲：眺望母亲河。

下午2:40—2:50

中国首个"拯救 保护 传承 弘扬黄河文化宣言"发表。

灯光亮，三门峡市旅游局局长上台宣读宣言，邀请黄河流域其他九省市旅游局代表上台，共同启动一个多媒体感应球，中国保护黄河基金会会长上台见证；

舞台感应后，多媒体背景板上黄河图案显示"水流"从源头开始,途径九省市依次亮绿灯。

下午2:50—3:00

主持人邀请中国十大河流代表上台,共同签署《中国河流版图联盟》,该联盟旨在推动中国著名的十大河流联合旅游资源共同发起对外宣传,并在河流保护过程中分享经验;

通过该河流版图联盟的推出,可在日后深化出系列游客互动旅游活动,如推出河流旅游精品路线,为三门峡市黄河旅游增加新的口碑。

下午3:00—3:40 圆桌对话——保护黄河,传承文化

贾云峰("中国十大杰出旅游策划人"之一,中国旅游协会休闲度假分会常务理事)对话中国十大河流代表(2位)、世界十大河流代表(2位)、三门峡代表(2位)。

下午3:40—3:50 论坛尾声

灯光暗,音乐起,屏幕播放三门峡风光画面《守望黄河》,观众席两边走出穿着天鹅服装的孩子;主持人致论坛结束辞。

七、新闻媒体

专访媒体:《中国国家地理》

《人民日报》(海外版)

新浪旅游频道

《华夏地理》

其他全国媒体报道:

中央电视台英文国际频道、《人民日报》(海外版)、《中国经济导报》、《中国青年报》、《经济日报》、《中国改革报》、《北京青年报》、《新京报》、《中国旅游报》、《北京青年周

刊》、《京华时报》、《中国文化报》、《中华工商时报》、《国际商报》、《环球游报》、《中国日报》、《北京晨报》、《中国消费者报》、TOM网、新华网、乐途网、千龙网、中国广播网、中国通用旅游网、中青在线、凤凰网、环视旅游网、中国网、浙江在线、搜狐网、网易、国际在线、《21世纪经济报道》、中国旅游新闻网、环球旅游网、中国网、中华网、中国经济网、北青网、和讯网、新浪网、旅行者、腾讯网

八、结语

一个没有灵魂的民族，注定要走向消亡；一个没有文化的社会注定要走向堕落。我们今天正站在一个尴尬的十字路口。何去何从，我们必须做出历史的选择。

正是由于我们在历史上有光辉灿烂的文化，我们国家在历史上是如此的强大。我们的民族能不能复兴，在一定程度上，取决于我们优秀的文化传统能不能继承，并且在继承的基础上创新。

这是一次千载难逢的机遇，只有不断继承和不断创新民族文化，才能有足够的内动力，推动在新的世纪实现中华民族伟大的振兴。

德安杰环球顾问 旗下

北京德道立捷公关顾问有限公司

2010年11月19日

全攻略

第三章　如何策划商会活动

新兴的湘商如何与十大商帮站在了同一个平台上？

商会活动该如何创新自己的多赢模式？

不花一分钱，如何策划和运作了大型活动"湘商寻祖"？

大型活动"湘商寻祖"轰轰烈烈地掀开了湘商崛起的序幕，至2011年，湘商大会已经举办到第五届，以其不可小觑的影响力成为了湖南的一张商业文化名片。"邵东模式"、"湘中经验"、"大汉现象"，湘商的发展走出了湖南，吸引了越来越多关注的目光和合作的意向。杰出湘商的推出，更是吹响了湘商崛起的号角，将一盘散沙各自香的杰出湘商们推向了战略联盟的新局面。作为湘商的推动者，伍继延的活动推广思路值得探究。

本章主题

商帮曾经深度影响着中国商业经济的发展，在商业高度发展的今天，零散的资源、纷繁的资讯、鱼目混杂的人脉关系，企业的发展壮大、地方经济的繁荣发展，都需要有一个值得信赖的纽带来牵线。商会以自己的活动创建了一个资源与信息共享、合纵连横、共同发力、共谋发展的平台。如何才能经营和运作好商会活动，如何才能让商会活动大放异彩吸引各方关注，如何才能让商会活动成为多方共赢的舞台，本章深度对话湘商活动发起人伍继延，为读者解读政府与商会大型活动的策划与运作奥秘。

人物介绍

伍继延，著名商会活动家，"湘商寻祖"大型活动发起人，湘商文化倡导者。

对话伍继延：多方共赢是商会活动的策划核心

访谈地点：梅地亚中心

被访人：著名商会活动家、湘商文化倡导者 伍继延

访问人：环球活动网董事长 欧阳国忠

湘商与十大商帮站在了同一个舞台上
——好的点子必须有好的呈现形式才能打动人心

欧阳国忠：伍总，现在是一个文化产业大发展的时代，湖南一直以来都没能以文化著称，您觉得现在的湘商是否面临着一个前所

未有的发展机会？

伍继延：确实是的，一个前所未有的发展机遇。回想当年做"湘商寻祖"活动，感慨颇深。当时很多人对这个活动表示质疑，甚至根本不相信我们能把这个商会活动推动得风生水起，盛极一时。什么是湘商，湘商在哪儿，过去是怎么回事，现在怎么样，未来又能如何？大家有很多疑问。这个时候我们突然发起一个活动说湘商要去寻祖，当时有人开玩笑说湘商寻祖那是无中生有，但是不是真的"无"呢？这个问题一经深入探讨，我们便能清楚地发现，湖南人、湖湘文化、湘商文化，不是"无"，而是一个博大精深的宝库。在这个宝库里，在特定历史条件下，产生了湘军、湘政文化。除了光芒耀眼的湘军、湘政文化之外，湘商文化也是湖湘文化的一个重要组成部分。洪江古商城就是一个明证，尽管现在只剩下1/3的地方，许多重要的码头都给拆掉了，只留下后院。祠堂、会馆沿河而立，在它们的后面藏的是那些大商贾们的私宅，我们去看了很多的大宅子，高高的炉火墙、巨大的储藏空间、残存的对联、雕刻，从它的建筑文化到它的居室布置，无不反映着湘商曾经兴盛的历史，那些流传下来的体现他们财富和涵养的各种故事，更是印证了湘商在历史上的存在。因此，我们要做的第一件事，就是探讨如何将这样一个已经被人们忽视了许多年的文化发掘出来，怎么样让这样一个似乎已经失传许久的文化传承开来。因此，我们构思了一系列的"湘商寻祖"活动方案，最核心的一个部分就是把湖南人对传统文化的一种深厚的感情，通过一个具体的形式体现出来。这个具体形式怎么体现呢？就是在洪江古城建立一个中华商帮文化广场，把当时历史上的十大商帮和湘商一起在广场上陈列起来，以青史留名，这个中华商帮文化广场也体现了湖南文化的包容性，我们不是只有湘商文化广场，而是把十大商帮都放在里面。但这是湖南人的地盘，所以我们把湘商放在正中间，通过这样一个有形的形式，通过这样一个商帮文化广场的建设，我们将湘商托举出来了，将湘商放在了十一大商帮之列，让今日的湘商有了一个厚重的源流。

接下来，我们按照策划流程搞了一个祭祖仪式。湘商寻祖，这个祖宗看不见、摸不着，留下来的那些物质的东西我们也不能搬到广场上去，所以我们按照湖南的传统，特别是洪江本地的一个传统的模式，立了一个商祖的牌位，把它最原始的文化挖掘出来。湘西这个地域祭祀文化、巫傩文化盛行，所以我们在当地找来了四位老先生，穿着长衫，围绕着商祖牌位，按照他们的传统礼仪，指导出席仪式的领导、商会会长、商会代表们怎么样拜祭，怎么样倒酒，整套礼仪全部按照当地传统风俗来操办。这四位老先生的虔诚与祭祖仪式的严谨肃穆，让每一个与会者感受到一种文化与传承的强烈震撼，找到了湘商的源起与发展的动力。

欧阳国忠：这个仪式是否让我们从这里找到了我们的湘商先祖？

伍继延：对，我们寻祖不能空口说说，通过建立文化广场这样一个让人能感受到的形式，通过祭祖这样一个追寻文化与打感情牌的方式来纪念，通过这些活动的举办不仅让大家亲身感觉和体验到了湘商源流，更重要的是让我们又找了一些无形的东西，那就是当地的历史风俗文化，因为它是古商城，它有历史，它的历史是那些老先生们一代代口口相传下来的，没有写在纸上，没有文献的传承，靠的就是当地人们的言传身教。我们将活动地点选在洪江古城，让人们身临其境，感受更深。活动结束之后，很多人非常感动，其境、其景、其情震撼了他们，将他们带回到了湘商的鼎盛时期、带回到了湘商文化的源流地。湘商的祖宗，不光是冷冰冰的物质的存在，还存在于这些活生生的生活的习俗和祭祀礼仪之中，所以大家在精神上找到一些东西、一种倚靠与依赖。

众人拾柴火焰高
——制造话题必须切中各方需求者的利益

欧阳国忠：这次活动给众多湘商们带来了精神上的支撑。给地方政府、各级领导与各方媒体同样带来了收益，因为它制造了话题，引起了关注。

伍继延：这样一种文化的深度挖掘，使所有参加活动的媒体人、湘商代表、各方领导，参加完活动后都津津乐道于这件事。因为我们制造了一个能引起大众兴致的值得探讨与分享的话题。

首先，我们修建十大商帮加湘商的中华商帮文化广场，这符合中华传统文化的祭拜礼仪。晋商只拜自己的晋商，徽商只拜自己的老祖宗，只有我们湖南这个地方将所有商帮一起拜了，当然我们拜得很巧妙，把湘商放在中间，一边摆五个。其次是我们通过再现古代湘西的祭祀礼仪，以当地乡音乡情原汁原味地通过活动让历史在人们眼前复活了。这些话题在这个中华商帮文化广场生根了，让那些前来参加活动的媒体人、作家、文人墨客，久久不能忘怀，每每想起"湘商寻祖"仍津津乐道。当年活动结束后，大概能百度搜索到20多万条相关信息，但现如今，活动已经结束三四年了，仍不断有作家、文人墨客在文中提及此事，只因为这个话题饱含着对历史文化的探究，震撼心灵，让人回味无穷。

除了有形的文化广场、无形的习俗传承，我们结合传承与传播的需求点，策划了一个非常重要的呈现与光大湘商的创意。那就是在商帮文化广场立了两块大石碑，一块用于解读当代湘商、湘商大会、湘商宣言，让大家了解新湘商；另一块展示当代杰出湘商，给这些杰出的湘商代表人物刻了像、展示他们在商业上的贡献。许多人到现场一看，非常震惊，哇，我已经青史留名了，不光留了名，还有一个头像在上面。这样一来起到了一个非常好的作用，我们不仅传承和追溯了历史，还让游客们了解了当下，了解了我们身边这些正在奋斗着的杰出湘商们，他们的成功是活生生的榜样，传达给大众湘商正在壮大发展的感染力。我们刻在石板上的杰出湘商们的号召力更是可想而知，一传十，十传百，大家蜂拥来到洪江古城，来看看这里的碑，来这里领悟湘商文化。一时间，当地的旅游市场盛极一时，当年国庆节，洪江古城的旅游人数首次超过了古城凤凰。我们过去的辉煌是被湘军给遮住了，现在我们名正言顺有了自己的地盘，湘商的祖宗牌位在那里立着，对这些正在成长的年轻人，对于那些奋斗着的湘商们，都是一种无上的激励。

虚实结合，形散而神不散
——活动策划必须目的性明确，围绕焦点发力

欧阳国忠：听您这么一讲解，这个活动的独到之处，首先就是虚实结合。实的话，是有十大商帮加湘商这么一个文化广场，体现了湖南人的大胸怀、大格局，然后同时也体现了湖南人敢为人先的霸气。虚的话，则是过去没人提过湘商，您在启蒙发起推广湘商。

伍继延：在我第一次提出"湘商"的时候，著名作家王跃文还在博客里评价"尚需时日话湘商"，他是我尊敬的一个好朋友，他的看法让我很是尴尬。可见我们亟需为"湘商"正名。

欧阳国忠： 过去听到大家提及浙商、徽商、晋商很多，提到湘军、湘政作为湖南人很荣耀，但是没有人敢提湘商，而且提起来感到很心虚，这一个活动实际上最大一个作用是给湘商这个群体找到一个魂。

伍继延： 对，分三个层面讲。第一是正了名，通过这个活动，让我们大家知道湖湘文化也有经济文化这一脉。第二，"湘商"不是有了一个名号就能得到认可的，因此，正了名之后，我们湘商的魂是什么？区别于其他商帮的特点是什么？我们通过一系列活动的组织，起到了一种特殊的凝聚作用。第三就是对未来发展的一个指引。

任何一个重要的历史文化，要想让大众接受首先得让文化人接受。我们特意把认为"尚需时日话湘商"的著名作家王跃文请到了洪江古城，我和他一起在古商城有一次很好的共同的漫游，漫游之后再进行深入交流，很多媒体非常关注：到底有没有湘商？王跃文先生说得很客观，他说尚需时日，并不是说没有，而是说当代的湘商还需有一个成长的过程，这一点我倒是接受。通过这一系列的活动，我们找到了历史，我们有了根，我们找到了"湘商"之魂：心忧天下、敢为人先、经世致用、兼容并蓄、实事求是。这里面饱含着责任、创新、务实、和谐、诚信，我们通过祭祖、通过这一系列的活动重新找回了"湘商"文化之魂。与此同时，也奠定了"湘商"未来的发展方向。

政府甘为"湘商寻祖"买单
——活动策划必须兼顾多方利益

欧阳国忠： 这次活动可谓一举三得。通过这次活动，还带动了当地政府的招商引资。

伍继延：对。我们知道，历史上很多古商城都是建立在交通要道上，北方的交通主要是靠马，因而商城大多在交叉的车道上，而南方特别是像湖南主要依靠水路交通，因而商城都建在水路交汇之处。洪江之所以叫洪江就是因为它是一个水运中心，在当时依靠水路交通经商的年代，洪江的商业地位可想而知。在抗战时期，洪江还极其繁荣，通过沅江，接贵州，通重庆，曾有"小重庆"、"小南京"之誉。随着时代的变迁，水运变得越来越不重要了。洪江慢慢退出了历史的舞台，在湘黔铁路与枝柳铁路交汇之处，形成了一个新的城市叫怀化。因此我们紧围绕着促进当地发展提出了"寻找老洪江，认识新怀化"的口号。所谓寻找老洪江，第一寻找我们湘商的根，第二召唤我们湘商的魂，第三对湘商的未来做一个指引。但是寻找老洪江，把洪江的旅游、品牌、文化做起来之后，还有一个更重要的事情就是认识新怀化。这个新城虽然没有水运优势，但是其他交通一样不缺，铁路、高速公路、机场，交通非常便利。因而，我们的活动不是简单地去挖掘一个历史文化，不是单纯地为旅游去做一篇文章，而是要注重对整个大的区域的经济文化的提升，对整个城市可持续发展的推进。

在我们做完"湘商寻祖"这次大型活动后，紧接着举办了一个论坛，对活动进行总结交流。怀化市长在论坛上坦承，这次活动确实是城市品牌营销的一次大突破，他没有想到一个城市形象可以通过去寻根、寻祖，通过这样一种文化形式的复活来塑造，而且其影响力远远地超出了当时的预计，影响和推动了新城的繁荣发展。通过这次"湘商寻祖"活动，签约项目金额高达60多个亿，还建成了湘商文化科技产业园。短短的几年间，怀化成了一个新的投资热点。通过这次活动，带热了当地的旅游，扩大了这个城市影响力，城市品牌得以提升。城市的形象、资源发展的优势吸引了更多的人来了解和关注这座城市，对其政府招商起到了很大的凝聚作用。

欧阳国忠：那次活动带来一个文化产业园。

伍继延：对。

欧阳国忠：洪江古商城现在正被一个大投资商操作，叶文智。

伍继延：当我们的活动结束之后，地方政府紧接着花了几百万做形象推广，这个城市的品牌价值一下子提升了，古商城的知名度提升以后，商机就来了。叶文智当时也参与了"湘商寻祖"的活动，正是因为参加了这个活动，他感受到了一些东西，所以当年下半年他就和地方政府签约，2010年就开始着手开发洪江古商城。

欧阳国忠：所以说这"湘商寻祖"活动实际上是一个爆破点，引来了多元化的效应。"湘商寻祖"这个创意是在什么样的机缘上提出来的？

伍继延：我从2003年开始推动"湘商"的建设，正式提出推动"湘商文化"的问题。到2007年首届湘商大会的召开，意味着从政府层面来讲对当代的湘商大家有一个认可了。我们有梁稳根这么优秀的人物，还有底蕴深厚的湘商文化，但是究竟怎么样才能把这个品牌更好地打造出来，更好地发挥出其应有的价值来呢？当时怀化的市长易鹏飞非常有眼光，他在2008年第二届湘商大会时来找我商量，说明年一定要到洪江去搞个活动。我当时并不了解洪江这个地方，后来去了洪江古商城，遗迹掩盖不了当年的繁华，那种恢宏的气势给我们很大的震撼。于是我们商量，怎么在洪江古商城结合"湘商"做一个大活动。我们不能寻根，因为根在哪里是找不到的，一个商帮，一种文化，它是发源在哪里才能叫根，但是寻祖可以，这肯定是我们祖宗待过的地方，于是我们提出了"湘商寻祖"

的活动主题。接下来我们进一步探讨以什么样的活动形式来诠释这个主题。当时怀化市主管这项活动的副市长王行水，是个诗人，也是本地人，对当地的文化有着深入的了解，他分管招商引资，因此非常关注怎么打造新的城市文化品牌以实现当地政府的招商引资。于是，"2009，湘商寻祖"，我们有了一系列的创意：寻找老洪江、认识新怀化；商帮文化广场、湘商祭祖等。我们不排座次，将十大商帮都摆在了洪江古城。

欧阳国忠：天下商帮10+1。

伍继延：对，天下商帮10+1。对我们来说，我们要的不是排名，我们站到了天下商帮的阵营之中，我们是唯一的湘商，所以有了天下商帮10+1这一系列的理念。

这次"湘商寻祖"之所以能如此轰动，整个活动的各个环节能环环相扣成一个体系，执行得如此流畅而震撼人心，地方政府的投入是非常大的。因为从一开始就参与了整个活动的策划过程，政府看好了"湘商寻祖"活动的影响力，在整个流程中，将弘扬"湘商文化"与当地旅游经济招商紧密结合在一起。所以，政府愿意大手笔买单，而我们也借力政府将活动举办得有声有色。

商会不再是商帮
——兼容并济是商会崛起的必由之路

欧阳国忠：您致力于推广"湘商文化"多年，我记得2009年您曾在韶山毛主席的铜像前慷慨激昂地发表一个"湘商宣言"。

伍继延：不是宣言，在毛主席面前不能宣言，是湘商韶山倡议书。 2009年是全世界金融危机非常深重的时期，我们根据"湘商文化"，着眼国际环境，提出三条倡议：第一条倡议叫做坚定创造财富的梦想，因为做企业家就是要创造财富，办好自己的企业，造福人类；第二我们提出来要坚守商会组织的社会责任，要规范市场秩序，要诚信经营；第三要继承我们湖湘先辈的传统，就是要推动中华文化的复兴，湖南湘商文化的复兴，放大到中华文化的复兴。在这个倡议书里面我特别讲到一点，我们要推动天下商帮走向新的融合，在全球化时代我们不能再以商帮形式单打独斗，湘商跟晋商打，跟粤商打，这有什么意思呢？全球化了，我们都是华商。西方人不会管你是湖南人还是广东人，他只知道你是中国人，中国人就是华商，我们怎么做到华商的整体崛起，而不是片面强调商帮。而且我们特别强调了商会组织的作用，不是停留在传统的商帮阶段，要从旧的商帮变成新的商会。

欧阳国忠：您一直在践行做大和做强湘商文化，您认为湘商文化的核心是什么？

伍继延：在首届湘商大会我们对湘商文化进行了总结：第一，要有心忧天下的责任意识，心忧天下不是让你去打天下，而是要更强调社会责任意识；第二，要有敢为人先的创新精神，敢为人先不是说打架先出手，而是传统产业通过技术进步创新；第三，要有兼容并蓄的和谐心态，因为湘商文化本来是各种文化融合起来，就是兼容并蓄的文化；第四，要有实事求是的诚信作风；第五，要保持经世济用、务实的处事原则。简言之，就是责任、创新、和谐、务实、诚信。当然，湘商文化要引领华商文化，我认为还在路上，还要努力。

欧阳国忠：刚才提出了湘商文化之核心，有了文化的高度作为"湘商"的根基。但将湘商建立起来，身体力行推动起来却是很难的事，从2003年创立湖南第一个异地商会开始，现在已经全国所有的省份都已经建立了湖南商会。可以说您的"湘商文化"理念星星之火已经燎原了。在实施和推广的过程当中，有没有一些特别艰难的经历？

伍继延：苦不苦，想想红军二万五。相比过去曾国藩时代靠学生、知识分子和农民弄出了一个这么强大的湘军队伍，我们这些苦就不算什么了。

欧阳国忠：他们是你前进的动力。

伍继延：相比起这些先辈们来说，湘商的创建过程顺利很多啦，但是我们在发展过程中也要时刻注意不能走向歧途。第一个就是不要行政化，湘商是现代文化，现代文化就是NGO，是非政府的，但不能是反政府，要坚守这个立场。第二个是要按照当代商会的理念来建设和推进。公司是应该盈利的，不盈利的企业是不道德的企业，但是商会是公共平台，是公益平台，而不是私人牟利的平台，是让大家借助这个平台分享发财的资源。所以湘商不是某个人的私属公司，不是会长个人的平台，商会本身不能成为一个盈利性的组织，应该是公益性的，这些方面都是商会建设必须多多关注的重点，否则就会走偏了方向。

欧阳国忠：最后一个问题，在国家提出文化强国这么一个大的背景下，您觉得湘商的未来应该是一个什么样的发展前景？

伍继延：那毫无疑问，更加美好。为什么会更加美好呢？

第一，文化强国的战略重点就是关于文化体制改革的决定，我最强烈的一种感受就是，这是实实在在给文化产业发了一个准生证，我们应该讲当代中国的文化产业是名不正、言不顺的，原来都是文化事业，通过少数先知先觉者去探索，去走出一条路来。现在，已经成了堂堂正正的一个产业，我们可以大刀阔斧地放开手脚来好好发展。第二，既然是产业，我们就得市场化，就得企业化运作，这恰恰是湘商们的一个发展机会。第三，湖南人拥有无穷无尽的文化资源，这些年来出版、电视、动漫各个行业的成果足以证明这一点。湖南人强大的创新的能力、深厚的文化资源，那么先走快走一步，在市场上培育出若干个文化品牌，这种情况下，我觉得我们没有理由不认为发展不是一片光明的。当然，确实面临着更大的竞争，因为全世界人民都知道，中国要搞文化产业了，全中国的企业家们都开始关注这个产业了。

欧阳国忠： 商会在这么大一个文化背景下，怎么推动湘商文化？您刚才说不能盈利，但是不能盈利的机构怎么做大？

伍继延： 商会组织本身不盈利，不等于说商会企业不盈利，这是我需要纠正的一点。比如浙商，如果单单就是钱庄，他们是做不下去的，温州老板的跑路事件，大家都很震惊，温州人是最讲诚信的，为什么他们都跑了？那是因为钱来得太容易了，他们不是靠现代市场经济金融体系这样一套风险控制的方式来集资的，省却了去银行贷款的诸多麻烦，也不需要依靠越过无数的关卡发行上市去集资，温州那个地方却很好办，一个条子都不要批，随便就几个亿，这是他们的优势。因为温州人通过传统的这种商帮建设，形成了很多的商会，一个村，一个乡，一个家族，一个行业，因此影响力很大，也比较注重诚信。所以只要有好生意，他们就敢上，他们不缺资金。可是他们偏偏忘了一个关键点。这个钱如果继续留下来做原来擅长的生意那样的风险系数就很低了，属于能控制的范围。但是在全球化时代，他们心动了，原来在眼镜行业做得好好的，非得要去做光伏产业了，当你去做光伏产业的时候，你面临的竞争对手是谁？你面对的是巴菲特。还有的更荒唐，去炒股、炒房、炒期货，炒这个，炒那个，那你面对的对手是谁？索罗斯。缺少现代金融风险控制的理念，面对这么强大的对手，又正好赶上运气不好，连美国都垮掉那么多的大企业，最后没有办法了，只得跑路了。这正是传统商帮的局限，所以我不主张湘商去学这些东西，这是打着现代商会的外壳去办传统商帮。现在的商会应该坚持它的独立性，坚持它的公益性，打造出一个大的平台，让商会企业共同发展。除此之外，还得重视它的合法性，该注册的注册，该定制度的定制度，按照法律规定来办事。只要我们能坚持这几点，商会组织的壮大是必然的，商会组织壮大了，这个平台对会员的支撑也会随之增强。

案例　　洪江古商城大型系列活动策划方案

2009，湘商寻祖

一、活动目标

一"拉"，一"推"：

1. 拉动洪江及怀化市其他景点的旅游市场

通过"2009，湘商寻祖"大型系列活动，引发媒体持续报道，进一步提升洪江古商城的全国影响力，从而拉动洪江古商城及怀化市其他景点旅游人气。

力争在一个月后，通过百度搜索关键字"洪江古商城　湘商寻祖"，能找到相关网页万篇以上。(2009年3月7上午10点，用百度搜索"湘商寻祖　洪江古商城"或"湘商寻祖　洪江古商城"，找到真正相关网页79篇，其中包括湘商网和环球活动网近日组织发稿的10多篇)。

2. 推动招商引资项目出成果

以文化活动搭台，吸引企业家、投资家来到怀化，让他们在寻找老洪江的"寻祖"过程中，认识新怀化的投资环境与资源优势。

二、活动宗旨

一"少"，一"多"：

以尽可能少的财力投入，获得尽可能多的社会与经济双成效。

一"冷"，一"热"：

以沉着冷静、严谨务实、通力配合的心态，做好"2009湘商寻祖"组织工作，热闹怀化旅游市场，促进怀化经济更好更快发展。

三、活动主题

寻找洪江古商城发现怀化新商机

说明：出于"洪江古商城"品牌推广的考虑(很多人看到"老洪江"还是不知道"洪江古商城"，对外推广的称谓尽量统一，便于人们记忆)，同时直接点明怀化的"新商机"吸引投资，故将原来的"寻找老洪江 认识新怀化"改为"寻找洪江古商城发现怀化新商机"。

四、推广策略

1. 变"事后传播"为"事前传播"

传播研究表明：一项活动在举办过程中，人们往往对其怀有极大的关注度，因为活动的悬念还未浮出水面；活动一举办完，其社会关注度就会呈抛物线迅速下滑。所以，我们应高度重视活动的过程传播，变"事后传播"为"事前传播"，尽可能前移推广计划，延长宣传周期，分阶段制造炒作话题。

2.变"宣传"形式为提供"新闻源"

即将我们强加给媒体和读者(观众、听众)的"宣传"材料，经过精心策划，改变为媒体主动要的"新闻"资讯。

媒体的最大需求是，获得能引起广大受众兴趣的"差异化"新闻，而不是一稿发天下的"新闻通稿"。给媒体所想要的，他们就会主动跑过来抢发新闻，"奥运"传播就是最好的例子。"新闻通稿"的宣传方式，只能得到高度雷同的"豆腐块"新闻；反之，如果根据不同媒体的不同需求，给他们提供"差异化"的内容，结果往往会得到不同媒体的争相报道。

在活动过程中，我们要不断制造话题，制造值得其他媒体转载和跟踪报道的"新闻源"，让媒体免费为"洪江古商城"做广告，就像他们免费为"世界杯"、"超级女声"做广告一样。

3.在"故事"中传播"文化"

在传播中，生动的故事是最容易引起人们兴趣的，而思想层面的影响是最深刻和最持久的。在营销策略与执行中注入文化的基因和思想的元素，以富有创意的文化活动，形成易于表达和转述并能产生品牌联想的故事，让众多媒体跟踪报道，从而引发具有传播价值的媒介事件。

4.持续发声，放大影响

对于一个大型活动，必须安排专人每天撰写新闻稿，对外发布。这样持续发声，才能造大影响。

五、活动内容

共设计五大主题活动，前三个为前期造势，后两个为最终落地盛典,即为"3+2"模式。五大活动"点"、"线"、"面"相结合,各活动之间互为关联,前后呼应,力求产生共振效应。

第一部分 "2009,湘商寻祖"启动仪式

1. 牵头单位

怀化市及洪江区管委会宣传部、旅游局、文化局、广电局、文史办等。

2. 协办执行

湘商网(湖南湘商文化投资有限公司)

环球活动网(北京典盛文化传播有限公司)

3. 目的意义

(1) 尽早引爆媒体第一波关注热潮

"2009湘商寻祖活动项目对接洽谈会"已于2009年3月6日在怀化市成功举办,此活动意味着正式启动了怀化的招商引资工作,意义非常重大。但是从话题炒作需求来看,媒体更加想从文化的层面跟踪报道"2009湘商寻祖"活动,而经济意味太浓的话题,一时很难引起全国性媒体的跟风报道。

一项活动只有举办了启动仪式,媒体才会认为是正式开始了,也才会对活动进展持续关注。

(2) 正式活动的一次提前大练兵

北京奥运会开闭幕式之所以精彩绝伦,是因为以张艺谋为总导演的创作执行团队对活动流程进行了无数次排练。

2009年5月28日举办的"2009湘商寻祖"正式盛典,影响重大故不能出任何差错。为吸引媒体和企业家目光,"2009湘商寻祖"在洪江的活动大多采取原生态的创新方式,所以也就没有太多老套路可以借鉴。提早在启动仪式上尝试一些新的活动表现形式,可以通过实际

操作的难易及大家的反响，对最终活动方案进行调整与改进。

(3) 提早为媒体提供活动的生动画面

如果投入大量人力物力和财力的"2009湘商寻祖"最终盛典原生态表现形式，只是等到2009年5月28日才向媒体展现的话，其价值发挥就太小了。因为活动一结束，媒体就不会再有兴趣持续报道下去。为了让我们的活动表现形式抢到更多眼球的关注，从而实现活动创意价值最大化，就可以考虑在启动仪式上前期推出部分将在最终盛典上展现的场景布置、活动道具等鲜活的表现形式。如此制造的新闻现场图片与影像，必将会得到媒体更加广泛、更加长时间的传播。

同时，告知媒体在"2009湘商寻祖"最终盛典还将有更加出彩的内容，留下悬念，以引起大家的期待。

4. 活动时间

2009年3月30日(周一)

(越早举办，就越早引起媒体对"2009湘商寻祖"大型系列活动的持续关注)

5. 活动地点

洪江古商城室外场景

6. 参与人员

以媒体记者和演绎洪江古商城的人员为主体，以传播为主要目的。

邀请著名专家学者1人、湘商代表2～3人、全国商帮代表2～3人，以及2009湘商寻祖万里行、绘制洪江古商城鼎盛时期原貌图系列活动的领头人。

7. 活动策略

(1) 小活动，大传播

此活动重在表现形式的新颖，参与人数不用太多，规模不宜太大，花费也不需太多。只有传播做得好，影响面才大。

(2) 呈现原生态洪江古商城风格

活动形式与内容力求轻松。为避免活动过于常规和严肃呆板，所以此次活动名称最好不叫"2009湘商寻祖新闻发布会"，而取名"2009湘商寻祖启动仪式"。活动地点不选择在宾馆酒店，而是以古商城露天为背景(建议怀化市将在长沙举行的新闻发布会改在洪江举行)。

8. 发布内容

(1) 发布"2009湘商寻祖"整体活动方案。

(2) 公布"湘商文化墙"选址，并宣布奠基动工。

(3) 发布《湘商洪江宣言》征集书。

(4) 发布"绘制洪江古商城鼎盛时期原貌图"画家及相关旧照片收藏物品征集书。

(5) 宣传"2009湘商寻祖"大型系列活动正式启动。

洪江古商城张开双臂正式邀约天下湘商和全国商帮前来寻找先人创业的足迹，以勉励后人在全球金融危机的阴影下奋发图强。

(6) 领导为"2009湘商寻祖万里行"领队授队旗。

(7) 启动仪式结束，表演沅江号子等原生态节目，象征活动正式启航远行。

9. 表现形式

(1) 场地复古布置，用松柏树叶搭建彩门；

(2) 主持人、嘉宾及表演者着古装出席；

(3) 嘉宾踩禄叶、过龙门，上主席台；

(4) 火铳九响(九想之意)开场；

(5) 沅江号子表演结束启动仪式。

第二部分　2009湘商寻祖万里行

1. 主办单位

湖南省经济技术协作办公室、湖南省工商业联合会、怀化市人民政府

2. 承办单位

湘商网、环球活动网、怀化市经济技术协作办公室、怀化市工商业联合会、怀化市旅游局、洪江区管委会

3. 全程策划执行

湖南湘商文化投资有限公司、北京典盛文化传播有限公司

4. 执行时间

2009年3月31日—2009年5月26日，历时近两个月。

5. 沿途线路

2009年3月31日，车队从北京慕田峪长城出发，历经天津、平遥、太原、苏州、福州、南昌、广州、丽江、昆明、贵州、桂林、凤凰等，最后到达洪江古商城(具体线路，需进一步科学设计)。

或选择从长沙出发。

6. 参与人员

(1) 怀化市招商、旅游、宣传部门相关负责人；

(2) 全程策划执行方：湘商网3人、环球活动网2人；

(3) 中国网、《三湘都市报》、《怀化日报》、红网、怀化电视台等随行媒体文字记者；

(4) 专职司机、专业摄影、摄像(图片和图像资料提供给各个媒体)、后勤人员。

7. 合作机构分工

(1) 由湖南各异地商会进行"湘商寻祖"汽车接力，例如北京湖

南商会负责出三辆车，将怀化市招商、旅游、宣传部门负责人及随行记者送至下一站天津，在天津考察完后，改为由天津湖南商会派三辆车将"湘商寻祖"人员送至第三站山西平遥及太原。以此方式类推。

(2) 由湘商网(湖南湘商文化投资有限公司)负责安排一辆越野车，"2009湘商寻祖万里行"秘书长带着核心工作人员贯穿全程。同时，负责与湖南各异地商会前期和全程的联络。

(3) 由环球活动网(北京典盛文化传播有限公司)负责组织中国网、新浪网及全国各地媒体宣传报道"2009湘商寻祖万里行"。

(4) 怀化市领队，负责全程活动决策安排、与怀化市各部门的协调交流、湖南及怀化媒体的跟踪报道，以及全程相关开支。

8. 一路开展的工作

(1) 发放《寻找洪江古商城 认识怀化新面貌》的宣传资料；

(2) 举行企业家座谈会和媒体见面会，推介怀化的投资环境、具体项目和旅游资源，发动实业家到怀化投资兴业；

(3) 考察各地湖南商会会员所投资实业，对重点企业深入沟通合作事宜；

(4) 拜会全国十大商帮(山西商帮、陕西商帮、山东商帮、福建商帮、徽州商帮、洞庭商帮、广东(潮汕)商帮、江右商帮、龙游商帮、宁波商帮)，发动他们认领在洪江古商城的旧会馆投资建设；

向他们学习好的运作经验，同时当面邀请他们派代表出席"2009湘商寻祖"洪江古商城旅游文化节和中国商帮洪江论坛暨湘商力量颁奖盛典；

(5) 走进洪江姊妹古城平遥、丽江、凤凰，向他们送去祝福，学习他们的经验，同时当面邀请他们出席"2009湘商寻祖"洪江古商城旅游文化节；

(6) 一路征集湘商文物，届时将放置在洪江古商城的湘商博物馆内(拟筹建)；

(7) 纵横中华，收集天下华商祝福祖国母亲六十周年华诞祝福语。

9. 需要准备的资料

(1) 领队车体两侧喷绘出"2009湘商寻祖万里行"和"寻找洪江古商城，发现怀化新商机"的字样。

(2) 礼品：印有"2009湘商寻祖万里行"的太阳帽，以及正面印上"2009湘商寻祖万里行"、背面印着"寻找洪江古商城，发现怀化新商机"的文化衫。

(3) 怀化重点投资项目和各旅游景点的宣传资源。

(4) 药品和其他应急物。

第三部分 征集画家绘制洪江古商城鼎盛时期原貌图

1. 牵头单位

怀化市及洪江区管委会宣传部、文化局、旅游局、广电局、文史办等

2. 协办执行

湘商网(湖南湘商文化投资有限公司)

环球活动网(北京典盛文化传播有限公司)

3. 目的意义

(1) 为洪江古商城留下一份宝贵财富

借集全市之力举办"2009湘商寻祖"的契机，以媒体的大力宣传，比较容易吸引到广大画家，积极参与到"集体绘制洪江古商城鼎盛时期原貌图"这一功在千秋的公益活动中来。

洪江古商城原貌图这一宝贵画作，今后可以制作成明信片、湘绣等旅游产品对外出售。

(2) 为媒体炒作提供源源不断的猛料

新闻兴奋点：洪江古商城鼎盛时期的原貌到底是怎样的壮观？绘制洪江古商城原貌图的是著名画家黄永玉，还是行走江湖的民间艺人，或是海外神秘画家(直到最后才让画家走向前台)？洪江古商城原貌图是根据什么，一步步绘制出来的？原貌图能否如期与大众见面等，悬念迭出，神秘人物和画作最后登台亮相。

(3) 吸引世界各地游客的目光

洪江古商城原貌图的绘制过程，实际就是巧妙的旅游宣传推广过程。洪江古商城原貌图的出现，能为洪江古商城增添更多神秘光环。在创作过程中，可结合旅游黄金周向游客阶段性展示局部原貌图，从而吸引更多游客前来一睹原画作和游览古商城。

4. 执行时间

(1)筹备期：2009年3月10日—2009年3月31日

(2)集体创作期：2009年4月1日—2009年5月26日

5. 分工合作

(1) 怀化市及洪江区管委会相关单位：

A. 负责通过怀化广播、电视、报纸发布形象广告信息，面向怀化全市人民征集熟识洪江古商城的优秀画家，征集能反映洪江古商城鼎盛时期原貌的一切证物；

B. 为画家提供创作场地、食宿等后勤保障；

C. 召集熟识洪江古商城原貌的当地古稀老人，为画家创作提供文史佐证资料；

D. 邀请专家考证并指导画家集体创作。

(2) 湘商网(湖南湘商文化投资有限公司)：

A. 负责发动省级媒体，面向全省征集优秀画家参与洪江古商城

原貌图的绘制工作;

B. 在湘商网、红网上制作活动专题;

C. 落实湖南卫视、《三湘都市报》每周对外发布一次绘制进展情况,展现最新画作。

(3) 环球活动网(北京典盛文化传播有限公司):

A. 负责发动北京媒体,面向全国"海选"能绘制洪江古商城鼎盛时期原貌图的画家;

B. 在环球活动网、中国网、新浪或腾讯网上制作专题,对活动进行系列跟踪报道;

C. 邀请中央电视台《走遍中国》、《探索发现》、《乡约》或《讲述》、《首映》等栏目,以及旅游卫视、北京卫视的旅游栏目到洪江古商城采访报道。

6. 画家暂定人选

(1) 李物华——已通过近一年时间创作出洪江古商城长卷,这位老画家对洪江古城已有深入了解和相当深的感情。已与他沟通过,他也有此创作想法。

(2) 杨荣欢——专业青年画家。他根据自己多年的研究,已复原出怀化荆坪古村落的部分原貌图。

第四部分　中国商帮商道(洪江)论坛暨湘商力量颁奖盛典

1. 时代背景

一代新商帮,成为现代中国经济前沿的领跑者,成为支撑中国经济增长的动力引擎。中国新商帮的崛起,已经形成一个浩浩荡荡的中国社会发展的主流商业社会。伴随着祖国的发展强大,海外华商比任何时期都扬眉吐气,成为中华一张张颇具特色的全球商业文化名片。

湘商作为后起之秀,正秉承"敢为天下先"的湖湘精神,学习天下商帮之精华，苦练锐意进取之内功。新的天下湘商，正蓄势待发！

2. 活动定位

中国商帮本一家，共同打造华商新形象。

聚合华商资源，开创湘商新纪元！

这是中华商帮共谋发展的历史性盛会，更是全球湘商的盛大节日！

探讨商帮文化，提倡商业文明，研究全球化背景下中国商人战略思想，搭建一个天下商帮交流与合作的平台。

3. 论坛主题

全球化背景下的中国新商道

4. 论坛议题

(1) 商帮论剑

商者无域，商帮无疆。

中华商帮，洪江论剑。

晋商、浙商、湘商等十大中华新商帮巅峰对话！

台商、港商、澳商及海外华商侨领财智对接！

共同探讨全球化背景下中国商业文明的传承与创新。

利益或道义，全球化时代的华商精神和新商道是什么？

浙商、苏商、湘、闽商、徽商、晋商、鲁商、豫商谁竞风流？

竞争或融合，中华新商帮群体如何在新时代合作共赢？

跨越或转型，天下湘商如何突破发展瓶颈？

商帮的崛起发展是否有地域关联性？

十大商帮代表人物京华论剑。

(2) 商机辩禅

纵观历史，国之兴则佛法兴。当今中华大地经济腾飞，文化也随之复兴，佛教文化是中华民族传统文化密不可分的一部分。而如今，华商对中国佛学文化，以及"禅"都有着自己的见解，同时也希望这一博大精深的文化能够得以发扬光大。

少林寺方丈——释永信法师或少林运营官，对话华商精英人士，将少林寺的"机锋辩禅"以及其背后宏大的佛教文化，普及给更多的大众。从少林寺的发展以及运营上出发，中国的企业精英为少林寺佛教文化的发展以及中国传统文化的发展集思广益。为华商企业精英指点迷津。

5. 项目推介展示对接

怀化重点项目展示发布，投融资对接洽谈。

6. 湘商力量颁奖盛典

在推荐入围考评的基础上，评选出"2009 中国湘商力量总评榜"前50名企业(园区)，并举行联欢晚会暨隆重的颁奖典礼。

同时，对在怀化投资有重大贡献的企业和个人颁发特别奖项。

第五部分　全球华商向国庆六十周年献礼!(本项在怀化市举行)

六、"2009湘商寻祖"走进洪江古商城

1. 总体思路

(1) 原味呈现

对于走南闯北的企业家、媒体记者而言，最不愿意看的是随处可见的老套路，最希望见到的是能原生态表现当地民情民风的场景。这就是差异化表现的魅力。洪江古商城景点内的仿古情景再现就非常吸引游客。

整体活动力求流程安排紧凑，形式新颖，内容生动。

(2) 重在体验

只有让外地来"寻祖"的嘉宾和媒体记者们参与互动到活动

中，在亲身体验过后对洪江古商城留下的印象才最为深刻；反之，如果只安排他们一路看，他们就会形成感觉惰性，最后就会导致走马观花的结局。

按照以前商人们首次来到洪江商城创业的情景，让他们置身当年到"一个包袱，一把伞，来到洪江当老板"的创业情景之中，才会引发他们的情感共鸣。

(3) 留下成果

"2009湘商寻祖"，我们最终要用产生的新景观，回答"我们寻找什么？我们找到了什么？我们又留下了什么？"

整个活动按"易于操作，突出重点，注重实效"的原则策划运作。

2. 主体活动

"2009湘商寻祖"走进洪江古商城按四个篇章进行：

(1) "2009湘商寻祖"盛典篇章之一：拜码头。

A. 环节说明

古时商人来到洪江，首站便是码头。码头是异地商人踏上洪江创业热土和结识新的商业合作伙伴的第一步。

更主要的是，"千船万排起洪江"，洪江古商城兴盛于水，是船排水运带来的繁华。码头是洪江古商城极其重要的文化载体，多少创业壮歌和悲情离别故事都发生在码头。

全国商帮代表和湘商寻祖代表大多首次来到洪江古商城，所以他们第一落脚点选择在沅江码头比较合理。

B. 场景设置

考虑到时间、投入等方面因素，可选择在洪江福城新码头举行"拜码头"环节。需要的场景设置为：

a. 整个码头，加以仿古布景；

b. 做一个反映"一个包袱，一把伞，来到洪江当老板"的雕塑；

c. 将沈从文先生笔下反映洪江古商城繁华的文字刻在码头石壁上——"由辰溪大河上行，便到了洪江。洪江是湘西的中心……通常有'小重庆'的称呼"。

"在沅水流域行驶，表现得富丽堂皇，气象不凡，可称巨无霸的船只，应当数'洪江游船'"。

此举为借力名人效应，许多文化人的"沈从文"情结是凤凰古城兴起的重要推力之一。当下沈从文的"粉丝"依然不少；

d. 将反映明清洪江古商城繁华的木雕图案刻在码头石壁上；

e. 从湘军到湘商。将能佐证曾国藩水军在洪江训练的石碑复制品摆放在码头。

最后，福城整个码头又形成了洪江古商城的一处新景点。还能为福城带来人气。

C. 流程设置

2009年5月28日上午9:20—9:50

a. 用松柏树叶搭彩门，嘉宾踩禄叶，过龙门；

b. 火铳九响(意为久想)报客来；

c. 欢迎"2009湘商寻祖万里行"车队入场。领队将沿途签名的湘商洪江宣言长卷交给洪江区刘志良书记；

d. 洪江区刘志良书记致欢迎辞；

e. 福城复古码头神秘景物揭幕仪式；

f. 合影留念(考虑到这时候人最齐，也最容易组织，在此照一张具有特别纪念意义的大合影)；

g. 解说员根据福城复古码头景物解说洪江古商城当年繁华景象及码头文化。

(2) "2009湘商寻祖"盛典篇章之二：寻远祖。

A. 环节说明

考虑到人多，为解决景点等待时间长的问题，嘉宾们可分成两拨通过前后两个入口同时进入古商城。

嘉宾们望古(古建筑)思远(古商城繁华时期)。

在嘉宾参观古商城的过程增添互动体验环节，如在财神巷中财运、阁楼上抛下绣球、与演员共演当地戏等。

在目前已有的几处仿古情景演出基础上，加入些与游客的互动环节。

B. 场景设置

几处重要景点重点布置。在场景布置中体现神秘、神圣色彩。

在刘松修住宅前广场立湘商文化墙，体现内容包括：

湘商及古洪商代表人物浮雕、往届十大湘商人物浮雕、往届杰出湘商手模或单独刻下他们的名字、湘商洪江宣言。

C. 流程设置

上午9:50—11:50

a. 探访代表性会馆、商行、钱庄票号(地下金库)、店铺、作坊、镖局、报馆、青楼等；

b. 在一甲巷、五龙会首、戏院，60名民族民间艺人表演阳戏、汉戏等；

c. 在戏院广场抢老板做新郎；

d. 在陈荣信商行参观文物藏品；

e. 在刘松修住宅历史文化展馆介绍洪商传奇；

可以根据古城内景点的修缮情况增加亮点。

(3)"2009湘商寻祖"盛典篇章之三：祭先祖。

上午11:50—12:20

地点：留园

a. 洪江古城原貌图作背景、画有11位商人祖像的"湘商"主题墙揭幕；

b. 祭祀叩拜湘祖；

c. 宣读湘商洪江宣言；

d. 宣言文化墙奠基，全体湘商填土奠基。

(4)"2009湘商寻祖"盛典篇章之四：行财运。

中午12:20—12:30

在财神巷，扮财神洒圣水；

在财神殿，每人可领一张仿古纪念银票。

嘉宾们带着美好的祝福和愿望离开古商城。此环节也预示着，湘商必将一步步走向辉煌！

(5)"2009湘商寻祖"盛典篇章之五：享盛宴。

中午12:30—13:30

在福街，吃合拢宴(摆百鸡宴、喝百年酒、吃百家饭)；

古典民乐演奏；

山歌、酒歌敬客人；

每人上一碗清水活鱼，祝福大家富贵有余。活鱼放归沅江，印有洪江古商城原貌图或刻有"吃亏是福"的限量碗具，具有收藏价值，作为礼品赠送给每个客人。

最后在原生态的沅江号子表演中送行客人们。

全攻略

第四章 | 如何策划选美赛事
活动

选美行业的现状与前景
选美行业的三种运营模式
选美行业发展的三驾马车

伴随着众多选秀节目的崛起，"美女经济"已经越来越受到大众的关注。美女们期望一举成名，众多媒体、企业、政府期望通过这样的合作，为自己带来影响和关注。吴惠安和他的聚盛正在着力推动着中国众多的选美盛事。

本章主题

当温饱已经不再困扰人们的生活时，对生活品位的提高与愉悦的需求让选美赛事越来越火爆。在国外的选美赛事已经非常成熟，并且大举侵占我们选美市场的今天，我们要怎样才能做好本土的选美赛事，要怎样才能实现选美赛事的赢利，怎样才能推动选美赛事的发展，这一桶金吸引了许多关注的目光。选美赛事资深运作人吴惠安和他的团队现身说法，为我们讲透选美行业发展的方方面面。

人物介绍

吴惠安，第61届环球小姐广东赛区执行主席，第61届世界小姐广东赛区执行主席，文化娱乐产业策划人，定制式选美推广者，聚盛国际文化产业机构总裁，广东省文化学会副会长，广东省商业联合会理事，大中华购物中心联盟副秘书长。

对话吴惠安：创新赢利模式是选美产业发展的关键

被访人：聚盛国际选美赛事运营机构总裁 吴惠安

访问人：环球活动网董事长 欧阳国忠

中国选美行业的现状

欧阳国忠：吴总，聚盛选美正在致力于打造一个顶级的选美赛事平台，目前中国选美行业的现状是怎样的？

吴惠安：中国选美赛事可以分成两块，一块是国际品牌，一块是国内赛事。首先是国际品牌，国际上的选美赛事已经形成品牌了，通过选美切入到中国文化市场领域中，将中国优秀的佳丽输出到国外。在国际市场上，中国充当着一个采购点的角色，在全球的选美市场中地位是很低的，就像一个国外品牌的"代工厂"。国际选美赛事正式进入中国是1993年左右。包括环球小姐、世界小姐、世界超级模特大赛、环球模特大赛、国际旅游小姐，还有国际的二三线的赛事世界旅游小姐、环球旅游小姐，它们侵占了中国的选美市场，但也带动了中国选美市场的发展。对于中国本土的选美赛事来说，多如牛毛、鱼龙混杂，一直没有影响力特别大、持续时间长的品牌，因而市场与大众对国产选美赛事的接受度在逐年降低，形势很是严峻，亟待整合和品牌化运作。在这样一个大的背景下，中国选美赛事的行业低位与影响力极低，聚盛选美赛事机构希望能够对整个中国的选美赛事做一个梳理和提升。

欧阳国忠：据您的了解，目前国内的选美赛事都有哪些？哪些是比较有影响力的？

吴惠安：以行业性的选美赛事为盛。包括各种展览活动、旅游文化活动、各类政府活动、媒体活动等，有媒体报道的应该有上千个大大小小的选美赛事。除此之外，以选美带动的模特秀、宝贝秀等更是数不胜数。但真正能够沉淀下来的，每年延续下去的，比较有影响力的、有市场生命力的也就是寥寥几个。

就区域来说，广东是中国选美最早开始的地方，如"美在花城"一直在持续地举行，还有新丝路模特大赛，在国内已经做得数一数二了。北京地区也有几个操作得不错的赛事，如"封面女郎大赛"。此外，几大电视媒体主办的选美赛事亦在引领着中国的选美市场，如"中华小姐"；"亚洲小姐"、"国际中华小姐"、"香港小姐"等则是老品牌了。总的来说，中国的选美赛事还极需自己来研发、沉淀、造势、扩大影响力，还处于一个摸索着发展的阶段，需要着力打造自己的特色与品牌。

选美行业的前景与三种运营模式

欧阳国忠：正如您刚刚说的，中国的选美分为国际品牌和本土的赛事，而本土的赛事，又分全国性的、区域性的，下面则可继续划分为媒体主办的、文化机构主办的、地方政府主办的或者是企业主办的，如湖南的"星姐"、湖北的"武汉小姐"等，甚至还出现有中国本土操作举办的却戴着世界帽子的选美赛事，如世界形象大使、世界旅游代言人等，都是中国人创办的，注册地则在香港或大陆以外的其他地方，实际上还是中国本土化的运营。总而言之，中国的选美赛事很乱，甚至还处于一种亏损状态。在这样的大环境下，聚盛为什么还要选择选美这样一个行业来发展？

吴惠安：首先，我认为选美是一个文化产品。既然是文化产品，那就具有它的生命力。中国为什么会有那么多的选美赛事，还不断地产生新的选美赛事，那正说明了中国选美的社会需求非常大，需求催生市场。有了需求才会有这么多赛事的产生，在这众多的赛事中肯定会有一个淘汰的过程，那些高品质的选美赛事会沉淀下来，成为行业的标杆。选美赛事在国际上是一个非常成熟的产业，整个产业链条的运作都得到了全面的发掘，有着成熟与先进的经验可供我们借鉴。当然，我们还得扎根于本土，对中国的选美市场进行深入的了解，吸取国际上的先进经验，打造出具有中国本土特色，又能融入到国际大舞台的品牌选美赛事来。选美产业是中国文化产业不可或缺的一个重要组成部分，国际选美产业也需要有中国这样一支生力军的出现，聚盛希望能够这个产业里做一个探路者，做出中国选美赛事的品牌来。

就目前来说，我们认为选美营销的行业价值还没有被放大，这就是机遇。以前的选美营销赛事更重视的是选美的赛事过程，根本不重视赛事的营销，这正是传统的选美赛事慢慢被淘汰的根本原因。2011年，聚盛开始与三大国际选美赛事之中的"世界小姐"、"环球小姐"、"亚洲小姐"进行深度的合作，开始将选美赛事的营销价值作为重要的运作环节来重视和发掘了。我们目标是：让选美成为企业、政府营销的平台，让企业、政府可以借力于选美赛事实现它们的自我营销。所以，选美赛事一定要扩大自己的品牌效应，实现自己的品牌价值，让品牌发挥出倍增的商业价值。

随着选美赛事的品牌打造与价值营销，很多国际性的客户，如汽车客户和大众消费品都向我们递来了橄榄枝，他们慢慢接受选美、认可选美，利用选美做一些品牌的公益营销，或者做一些与时尚、教育、文化领域相结合的活动。地方政府也在慢慢地重视这一块所带来的文化影响与经济拉动价值，因为这样一个平台和活动能让全社会的目光聚焦过来。所以，选美赛事一定要结合企业和政府的需求来策划活动环节。只要运作得当，选美赛事就会带来很好的社会效益和经济效益。这也是任何选美赛事运营机构必须把握好的关键点。

我们把选美的营销归结成三种业务类型：第一种类型是基于国际选美赛事为平台的品牌精准营销的解决方案，赛事所打造的影响力聚集成一个平台，为企业、为品牌做某些营销方面的活动；第二种类型是基于客户需求的定制式选美营销赛事，这种方式是针对于行业、政府、营销协会等来提炼相应的资源，以集资和推广行业协会、提升企业品牌影响力、提升政府人气为目的所进行的选美赛事。包括政府的形象宣传、资源推广，企业产品的国际国内品牌影响力打造，以及企业的圈地营销、战略营销，都可以借力于选美赛事，进行针对性活动营销。在定制营销方面我们已经取得了相当大的成绩，2012年与香港成报集团、湖北卫视等国内大的传媒集团开展了战略性合作，这种互相借力对于我们打造有影响力、有生命力的选美赛事是一种最有力的保障。第三种类型是以选美为切入点，打造选美赛事文化，合力拓展上下游产业链的合作，形成一个围绕选美而展开的文化产业链。这里更多的是基于对选美赛事行业的全盘发展的一种产业布局，如通过选美平台整合到相关客户资源的时候，可以针对性围绕这些客户发起高峰论坛、公益慈善活动等，与此同时，又可以通过这些活动，将更多资源集中在运营机构处，从而为客户提供更加丰富多彩的产品和一体化的需求解决方案。

在挖掘选美赛事的营销价值方面，一方面是赛事自身的营销，赛事自身要学会营销，要营销自己。从包装设计到媒体推广、客户合作，每一步都要运用到营销手段，这样才能引爆赛事的亮点，才能创造自我营销的机会。另一方面是，我们要将自己打造成企业、政府、媒体等可以进行品牌营销的载体，与影视、体育赛事，包括NBA赛事、足球赛事以及演唱会等并列的一个营销载体。选美本身作为一个文化产品，应该处于跟影视剧、演唱会、音乐、体育并列的这样一个产业领域之中，而不是从属或者不被概括到这样一个具备自身符号的领域之中。我们借用选美这个活动去营销企业，努力得到市场的认可、尊重，从而实现对行业整体的提升。进入这个行业，首先要认识这个行业，去挖掘这个行业如何让大众、社会、客户接受的核心价值，还得承担起让这个行业得到社会尊重的责任和义务，只有这样，才能立足于这个行业，引领这个行业，并且成为文化产业发展中不可或缺的一部分。这样，选美赛事就会成为一个有着无限发展前景的阳光产业。

欧阳国忠：现在很多的产品都进入了定制式时代，为了满足市场的需求，刚才您谈到了定制式选美这个概念，这也算是一种与时俱进了。刚刚还提及到选美赛事有两层营销，一层即自身营销，一层即通过选美这个平台为客户做营销。但就目前的实际运营状况来说，很多的选美时尚活动表面上看起来很热闹，似乎与影视、唱片、音乐站在了同一个平台上，但却没有实际的产出，您觉得原因何在？我们都知道，对于那些大的国际选美赛事来说，每年创造的收益都是令人惊讶的。

三驾马车拉动选美赛事的综合效益

吴惠安：选美赛事的发展需要三大马车的并驾齐驱：人才、政策的引导、资金的注入。只有这三驾马车的拉动，选美赛事才能进入良性循环。

首先，任何一个行业、任何一种产品的成熟发展，不仅需要市场份额、容量的增大，更需要的是相关专业人才的细分和增加，没有人才的积聚，是没法壮大一个产业的。目前中国的选美，仍然处于一个选美赛事的阶段，依然没有成为一个创利的行业，更不用说产业，这需要社会各界以及政府对这个领域的关注，给予政策扶持、引导和规范；需要行业标准的出台，需要资本的进入，只有这样才能促进选美的产业化，才能带动这个行业的提升。处于全球选美产业布局中供应方地位的中国，要想摆脱世界工厂的命运还需要很长一段路。每年有那么多优秀的中国佳丽、模特被国际选美赛事平台吸纳到国际舞台上去，她们创造的效益、带来的影响，都拱手相送给了国际机构。这方面委内瑞拉做得比较好，他们把整个选美赛事产业化，以此带动旅游、医疗、美容乃至整个国家教育的发展。

选美不只是一个美女的活动，更是全国乃至全球的一种文化活动，这些活动联系着与我们相关的许多优秀的女性，体现着在尊重女性这方面的社会发展程度。我们总是把选美娱乐化了，仅仅认为是一种外在美的展示、一种生活里的调味料，就其实不然，选美赛事有着更强大的社会功能呈现。选美不仅仅是一个容貌的选拔赛事，更是关乎着公益、道德甚至国家形象的展示与引领，有些国家如白俄罗斯甚至把它作为一种战略储备。发达国家把选美产业运作了几十年，打造成了一条有着巨大发展空间的全方位产业链，而我们的赛事最长才走过几届，还处在一个成长的过程中，还在蹒跚学步阶段，这个时候最需要学习国外成熟的选美公司，吸纳与借用他们的运营方式。

欧阳国忠：从自身的运作来说，选美需要三大马车：人才、政策、资金。三大马车合力拉动，选美赛事才能进入良性循环。从另一个角度来说，选美是一种竞技，是一种能带来多方效益的活动，是一个可以放大价值的平台。一个成熟的选美赛事，可以带来多大的收益？

吴惠安：20世纪30年代，在我国的上海滩就举办过上海小姐的评选，倘若当年能延续下来，也应该是七八十岁的赛事了，很可惜，这个赛事在第一届做完之后就没有继续下去，这个赛事当年是为了募集抗日的善款，共筹得4亿元法币作为赈灾款项。所以，选美从开始出现就已经具备了其社会功能，一种与社会热点、社会需求密切相关的东西，利用女性的影响力，号召社会关注我们的社会热点、难点。国际上比较有影响力的选美赛事的收益则是多方位的。"世界小姐"成立于1953年，比我们"上海小姐"的举办晚了整整十年。我们再回头看第一届"世界小姐"的选拔，当时是英国一个小镇为了推广当地的旅游节日举办的一个选美，延续下来到现在已经成为一个具有全球影响力的赛事了。"世界小姐"平均每年在全球组织100多个活动赛区，这样一个赛事全年的文化产品至少创造了上千万英镑的直接产出。如果更形象一点解说的话，与某部电影大片票房来比较，即使是好莱坞的大片都很难有这么高的效益。一部电影，从拍摄到播映需要1~2年的时间，其票房平均下来也就1个亿人民币，中国的很多电影都是达不到这个票房收益的。这个数据还是我们相对保守的计算。一个好的选美赛事如果运营得当的话，能够为国家赚来面子，为产业带来活力，为投资商带来回报，这正是选美的魅力，是我们选美产业的同行们一直在努力做大做强的动力。

有创意的产品输出是做好选美赛事的关键

欧阳国忠：国内的选美赛事，一直没有叫得响的品牌，也没有打造出能跻身于国际市场的活动来，到底存在什么问题？细化一点说，一个机构在选美，是否有一个标准，什么样的机构可以承担选美的赛事，行业标准是什么，选美的操作规则是什么，现在这个行业是一个什么样的状况？怎样才能操办好一个选美赛事？

吴惠安：作为一个文化产品，选美赛事要想叫座又叫卖的核心在于它本身的创意，它是创意产业的重要组成部分。所以，对这个产品的研发非常重要，我们必须将其作为一个商品来全面打造。选美不仅仅是美女在台上走完下去，然后选出三甲，一个选美过程就结束了，这只是一个初级的选美。现在的选美定义要有主题策划、总体包装、系统研发、全盘营销，每个选美赛事要有一个产品定位，就像每一部电影的类型、主打的概念，一定要摸准市场消费的脉搏，只有这样才能够让这个产品在市场上具有生命力，所以我们认为整个选美产品的研发，如何完美地呈现，如何链接上下游，如何打造产业价值，如何发挥活动营销的价值，都是非常重要的。我们在创意方面、在产品开发方面投入了极大的人力、资源进行调研与策划，因为创意是摆在第一位的，选美产品的创意是获得整个市场认可的前提，没有创意的选美不具有生命力。我们已经在这方面形成了一套选美赛事资源研发的系统，包括整个赛事的包装定位、媒体策略、舞台主题呈现、怎么让整个社会关注这个赛事，会在哪个方面去关注等等。例如梦想、爱心、公益、儿童、奋斗、尊重等，都可能成为这个选美产品的主题，而一个美丽选手在台上的展示，只是我们传达创意的载体而已，而不是最终呈现的目的。选美产品的主题还需要饱含着社会责任感，以公益、社会责任、精神引领作为主题的基调，所以，创意、研发很重要。其次，规范系统的操作也是关键。目前国内很多的选美赛事，只是搭一个土台班子，拉上三个诸葛亮就组成了一个团队，仅仅是为了眼皮底下的经济利益而去筹划赛事，这样以赤裸裸的金钱利益为目的的赛事是很难有发展前景的。往往办一届两届，捞一把钱就跑人，对选美赛事这个产品本身不会花大气力去研究，对赛事的操作也疏于经营筹划，客户得不到回报和服务，当然就寒了心，难以有后续的合作，这种草台班子的做法对选手、商家、市场都是不负责任的。严重一点说，会错误引导整个社会、女性同胞在青少年时期错误的消费导向，造成不良的社会影响。所以赛事本身的运作的规范性、系统性、专业化很重要。第三，兼顾各方利益。在中国选美体制里，更多只是协会牵头、广告运营，然后不了了之。这也是目前国内的选美赛事在没有规范的政策引导、没有完备的人才储备、没有持续的资本投入的情况下的综合反映。不能说是某个组委会的问题，这是整个行业和体制的问题。这里面最关键一点，我们的合作要建立在一个可持续的基础上，如何让协会发挥协会本身的资源能力和平台能力、政府发挥引导和牵头的能力、机构发挥本身系统规范、策划、运营推广以及服务企业、服务品牌的能力，同时还要建立一整套选手从招募、参赛到找出路的一套产品输出体系，这需要一个机构跟整个社会各个领域的一个庞大的资源整合能力，包括和影视剧、音乐、演艺圈之间形成一种良性循环的能力，为整个业内包括模特界、时尚圈供应各种经过选美出来的，具有高素质的人才，承担起人才储备的功能，这也是一个选美赛事能够持续运营、持续发展的基础。

欧阳国忠： 谈到选美需要研发，需要规范化的操作，还需要保障选美选手的出路，其实这正是制约了我们国内的选美赛事长远发展的原因。在研发上，我们可以吸收借鉴如希腊等国际上优秀的选美赛事的经验，它们走过五六十年发展历程，有许多值得我们拿来、再开发的经验甚至资源。

吴惠安： 确实是这样的，学习别人的长处才能更快地发展自己。作为选美产业参与者，这些年，我们一直在和"世界小姐"、

"环球小姐"、"亚洲小姐"进行合作，它们的运营给我们带来很多的思考和灵感。有很多的灵感与经验，我们都借用在聚盛选美系统研发和策划推广上。首先，国际选美赛有着非常清晰的定位，"世界小姐"也好，"环球小姐"、"国际小姐"也好，它们在定位上都非常清晰。坚持、坚持再坚持地把它定位于和平、友谊、绿色环保，年复一年地履行它，矢志不渝，坚持就是品牌的延续。这是对主题的坚持。第二，是运作流程的标准化。国际选美赛事每年在100多个国家举办分赛区，在整个主题的贯彻、选手的招募、选手筛选的评判、媒体的合作推广、知识产权的保护、操作流程的规范、舞台灯光的创意布局上，都已经形成了规范的流程。正是操作流程上的标准化、规范化、流程化，一个拥有100个分赛区的选美赛事，才能够得以畅顺地运转，并能准备、快捷地进行全盘统筹，使全球选美分赛区都能够围绕着自己的主题不走样，不跑偏。第三，也是非常重要的一点，这些大的品牌赛事都拥有整个全球国际资源的整合能力。纵观三大选美赛事，已经把选美作为国家交流、国际交流的一个重要的载体和平台，与政府互相借力，彼此推进，借助国家的影响力，带动赛事在全球的政治、经济、文化舞台上发挥出更大的影响力。这是通过规范的流程运作，得到政府、行业认可之后，由政府、客户、市场和合作伙伴搭建的一个国际舞台，它们在这个平台上积聚了呼风唤雨的能力。这都是值得我们国内选美赛事去学习、探究的方向。随着中国经济发展、文化走向全球，国内选美赛事也会借力于国家的发展在这样一个平台上发挥它的影响力。以和平、友谊、环保为主题的选美赛事活动，很容易得到国际友人的认可、青睐和支持，这也是能够汇聚政府、客户、选手等各方资源的重要原因。第四，国际选美赛事有着完善的产品输出机制，即解决选手出路问题。每一年,"世界小姐"、"环球小姐"都会在联合国的框架下,在全球范围内为公益进行诸多活动,佳丽们现身说法,引导人们关注公益、关注和平、环保,在全球募集善款方面贡献着自己的力量。

与这些国际选美赛事相反,国内选美赛事更多注重在短期内的经济利益,如聚焦在出名、拍电影等短视的目标上,他们对选美赛事缺乏正确的理解与认识。选美赛事不仅仅是一种美丽的选拔竞赛,也不仅仅是一种商业行为,更重要的是它有着强大的社会功能,引领导着女性,特别是青年女性的人生观和世界观,承载着社会责任,以传播公益、和平、绿色环保为使命。我们要引导这样的世界观,不要过度看重短期的经济利益,这方面世界三大选美赛事品牌都做得非常出色。他们还善于利用这样的平台为选手带来社会对她们个人的尊重和青睐,他们也愿意用这样的影响力去帮助世界,帮助社会。这是我们中国的选美赛事需要去学习、效仿、贯彻、深入的方向,也是我个人认为选美赛事应该具备的社会责任感。

欧阳国忠:向他们学习的这些东西,不是简单的拿来就用,需要我们去消化,也需要我们融入本土的文化去做更深层次的研发。在聚盛今年组织的很多赛事里面有了很多全新的元素,打造的产品根据行业进行细分化,根据功能定位更准确了,如南方航空的空姐选美、高铁选美、高尔夫选美、酒店选美、鞋包选美等。有市场的细分化,呈现的产品定位更准确、功能更强大,使得我们客户更明晰。聚盛是怎么来对这些细分产品进行操作的。

吴惠安:我们在选美赛事方面的研发进展,也是得益于与"世界小姐"、"环球小姐"合作给我们带来的很多经验和启发。聚盛在整个选美赛事研发方面已经形成了一套标准化作业的流程,我们会针对某一个领域、某一个行业，针对它的功能、赛事的目的、意义、核心和亮点，以及投入产出的评估，包括社会效益和经济效益的评价。值得提及的一点是我们的赛事有一个绿色环评，绿色环评是我们独创的一个体系，这是属于赛事的一个可持续性的评估，我们会从各个方面评估这个赛事是不是具备可持续性，会不会成为一种资源的浪费、投资的浪费，会不会对社会有错误的引导，从而来完善或淘汰赛事，确保赛事的品质。在赛事的研发方面我们做了非常多的工作，这也是一个选美赛事能够完美呈现的保障。聚盛在这方面会继续投入，吸纳在策划、网络、影视、创意、设计、文化各方面有着优秀成功案例的精英，也会竭力培养专业人才，希望拥有多元化的创新人才，让聚盛的赛事在产品研发方面更加前沿，具有国际视野，有可持续性。

欧阳国忠：在研发人才方面，国内还有一个不容乐观的现状，我们的高等教育里面，还没有选美这种专业，甚至没有教材，也没有研发师资力量，在这种背景下如何把选美赛事的研发深入地开展起来？

吴惠安：专业人才的匮乏确实会成为一个制约产业发展的瓶颈，这也是目前聚盛关注和亟待解决的问题，网罗优秀的、合适的人才成为了我们工作的一个重心。但就选美本身赛事的研发来说，我们不认为是专业教育出来的结果，更多是我们对社会观察，对社会责任的一种了解，也是对整个我们文化产品属性的了解。这里面包括有新闻人才、导演、创意专才等，我们希望他们能够参与到这个大世界里面去，利用他们本身的专业性，用他们的多元化视野来提高整个选美赛事的水平和被世界接受的号召力。

欧阳国忠：聚盛在包括暨南大学的一些高校有一些合作，建立一些研发的机构，设立奖学金，储备相关人才力量，这也是促进和加快选美赛事研发的一种举措了。

吴惠安：对，2012年我们将会在北京和上海加深与各高校之间的联动。在选美这一方向，通过设立奖学金，设立研究生团队，通过和高校联合开设课程，来推广选美教育，在高校大学生里面去培育、呼唤更多的有识之士、有才志士加入到这个阵营里面来，一起来推进这个行业的发展。目前，我们也在和国内一个比较大的教育集团，联手打造一个选美的培训基地，不仅仅是要培养专业的研发人及运营人才，还要着力提高选美人才的竞争力，对选手进行重点的挖掘、系统培训，以提高参赛选手的水平。在人才方面，我们得两手抓，既要关注专业运营的人才，也要紧抓专业选手的水平，这两个都是一个成功的选美赛事或者说一个成功的选美行业所必须具备的组织要件。

运营人才与选手，两方面人才的储备都是非常重要的。

欧阳国忠：从我们选手方面来说，和国际赛事比较起来最大的差距在选手的出路上，比赛完了活动就结束了，对选手的后续性价值没有倾注心力来延续和开发。大量的国内选美赛事，选手被选出来之后，生命力都很短暂。说句通俗的话，选手通过选美以后，也许得到一个好工作、一个好老公，就这么简单，根本没有把她们通过层层选拔脱颖而出的魅力发挥到社会功能上去，以她们为榜样在青少年当中树立行为的美、形体的美、才智的美。对于选美赛事来说，其实是一个为其他的行业去选拔合适人才的舞台，选出来以后，她们可能要进影视圈、音乐圈、时尚圈、公益或者其他非盈利机构去。我们现在选出来的选手后续就没有多少声音发生了，如何去解决这个问题？

吴惠安：这个问题也是我们提出定制式选美的一个考虑点和

出发点，因为定制式选美的一个关键点是为行业引入人才，同时解决选手出路问题，所以我们在举办各种行业性形象代言人大赛的时候，首先我们是让选美赛事推广行业的文化，推广行业跟社会大众沟通的桥梁的平台，同时也为这个行业培养和积聚推广行业文化、品牌文化的人才，这也是定制式选美最重要的一个出发点。其实，选美的出路不仅仅局限在影艺圈、模特界，更多应该把目光聚焦在社会责任感、行业责任感、品牌责任感上去。

欧阳国忠：如环球酒店形象代言人、旅游形象代言人，选拔出来之后就是应该进入这些行业里面去。

吴惠安：对，我们应该是输入人才，不是输出人才。不过目前国内整个选美界都是在输出人才，输出人才包括两个方面：第一个方向是从中国输出到国外去；第二个方向是输出到演艺圈、模特界去。这是我们都不愿意看到的，我们举办这么多行业性选美赛事、定制性选美赛事，目的都是为我们整个行业，为我们地方政府解决人才输入的问题。但现实情况不容乐观，需要大家增强责任感，这也是我们进行研发所要解决的问题。

欧阳国忠：嗯，我觉得这个讲得好，深入到现状里面去了。就是说，我们现在选美是在向各个行业掠夺人才？

吴惠安：对，不是输入人才了。

欧阳国忠：出口单向，就指向了影视圈，好像都是奔着要一夜成名这种浮躁的心态而来，而不是选拔一些真正代表这个行业服务水准的，能起比较重要作用的人，比方说，做得好可能像空姐，不对，空姐也是向其他行业输出人才。

吴惠安：对，空姐也是输出人才。

欧阳国忠：前一阵子，湖南郴州安仁县举办了"抖姑"选拔赛，它是在全县范围内选拔的，选出的人才能安排工作，甚至在一些岗位上可以得到提拔，要肩负起宣传安仁的责任，这也算得上是在本土选拔输入人才。

吴惠安：这是中国选美赛事要可持续发展需要深入研究的重要课题。包括我们看国际三大选美赛事，能走到今天，说明它一直在输入人才，为国家、政府、行业、企业输入人才，而不是掠夺人才。因为它的影响力，它现在在我们中国算是在掠夺人才了。我们如何解决这个问题呢，不能光限制、拒绝他们，而是要从他们身上去学习。同时，我们的赛事还要善于在这方面进行引导，与企业一起为我们整个行业服务、为品牌服务、为国家服务。肯尼迪有一句著名的演讲词，不要问国家能为你做什么，而要问你能为这个国家做什么。我们选美也是一样，选美的佳丽也好，组委会也好，我们能够为这个行业、为社会带来什么，而不是社会、行业能为我们做什么。所以，我们旗帜鲜明地要绿色选美，环保选美，拒绝低俗选美。

欧阳国忠：说得好！举一个我们2012年要举办的一个赛事作例子吧，怎么样去解决变输出人才为输入人才？

吴惠安：首先，2012年我们在传统三大赛事当中会演化很多定制式选美赛事，目前我们正在与鞋包行业、鞋包媒体联合来举办这些赛事，这些赛事是面向全国乃至全球皮具、鞋包领域的企业和行业协会，一起打造一个推广鞋包文化、时尚文化、中国鞋包皮具品牌的选美赛事。这样的选美赛事，我们将会与中国最杰出的30家鞋具皮包品牌一起，在这个行业里面，号召让选美赛事站在一个国家鞋包皮具产业的平台上面去和国际对话，在这方面进行一个提升；第二个是，参赛选手在大赛期间都只为这个行业、企业服务，这也是我们在策划的时候很重视一点，即留住人才，让人才在这个平台上，让她们呈现品牌高度、行业高度，代表行业、品牌与大众对话、碰撞、产生火花，让全社会关注这个行业。我们所说的留住人才不是一个狭隘的观念，不是说这个人不能出去，更多的是要以一个开放的思维，让选手站在这个平台上代表这个行业引导整个社会来关注这个行业的发展，重视、尊重这个行业，尊重这个行业也是对我们中国一些自创品牌的尊重，她们在和整个社会的对话里完成自身的发展、行业的发展。在这一过程中，我们的选手、佳丽们，一定能找到自己的安身立命之处，这是整个行业的一个沉淀，也是我们为人才输入所做的努力。

欧阳国忠：说说环球酒店形象代言人选拔赛，这个大赛也是在为这个行业输入人才。我们选拔的范围都是星级宾馆，选手们大多来自这些宾馆的服务员，我们的选拔对象大部分依托所在的酒店而具有了一定的专业性，对外面的选秀报名者来说，就形成了一道很高的门槛了，所以说，我们这行业就有一定的专业性。

吴惠安：包括环球酒店形象代言人选拔赛，还有我们马上就要举办的环球品牌大使，都是在以选美赛事为契机为整个行业建立一个品牌代言人，让全社会有志于在这个行业里沉淀和发展的一些优秀的人才，进入这个体系里边来发展。她们的成长，也是整个行业的发展、品牌的发展。还有我们举办的高尔夫、中国传统茶文化等形象代言人的选拔，都是为了让我们社会更多的女性、人才、更多有影响力的媒体和机构能进入到这些行业里面去，关注这些行业，带动这些行业的发展，我们认为这样的人才输入才是完整意义上的输入，而不仅仅是人员数量上的输入。

欧阳国忠：今天我们正好在广州正式启动了"2012环球品牌大使"的一个选拔赛及形象代言人的盛典，纵观国际的一些选美赛事，最有影响力的还是国际上一些选美品牌纷纷地在中国各地举办。中国是个文化大国，怎么样使中国的选美赛事在国际上也有一席之地，实际上需要我们文化机构特别是选美机构来努力的。我们要策划什么样的赛事，才能够有进入世界舞台的可能性，我觉得大赛活动也好，选美赛事也好，其实是有进入门槛的。别人已经办过"世界小姐"，"国际小姐"和"环球小姐"了，我们就不能搞同类型的创意了，所以说，在文化领域，还是有进入门槛的，门槛就是创意的先后。"环球品牌大使"选拔赛，在全球来说，好像还没有，这个我觉得具有打造全球选美品牌赛事的潜质。在这个赛事上面，有哪些亮点可以促使我们的大赛可以更快地发展？

吴惠安：这不仅仅是一个选美赛事的国际输出或者国际市场上的竞争，我认为它是个文化对话的问题。我非常重视这种国际文化交流的时候我们应该如何去可持续地进行文化沟通，这应该也是我们中国政府在整个国际社会上的其他文化体、经济体的对话，选美只是在文化对话中的一个非常好的载体和平台而已，我们用一句经济学语言来说，它叫行销全球。首先，在整个选美赛事的组织、主题上是以和平友谊、共利环保为核心出发点。我们中国文化很重要一点内涵或者说我们中国女性的内涵和精神，在未来全球发展格局里面将会具有这样一个位置——随着中国经济或者中国政府重视国际交流，包括我们国家在全球开设的孔子学院、汉语课程，我们的选美将能够走向国际大舞台，在一个更大的文化平台上与国际友人进行沟通对话。首先我们认为很重要的一点是把中国的精神挖掘出来，用中国的精神去影响世界，而不是让强制世界来接受我们一个仅仅是停留在初级选美阶段的赛事。其次，我们在项目上，国际资源整合这块也是一个很大的挑战，这里面涉及到包括社会意识形态的问题，包括我们对外交流的体制和方向的问题，那么选美不仅仅是一个简单的赛事，它是一个文化产品，是依附在政治和经济上的更高层次的交流，所以三大选美赛事随着英语成为全球交流第一语言时附带的一个文化产品。我相信未来的中国的选美赛事一样，随着中国影响力的提高，随着我们民间组织在整合国际资源能力上的提高，用经济学语言来说，也就是行销全球。

欧阳国忠：选美赛事的成长，有发育期、成长期、成熟期，中国选美的话，应该是还处在发育期阶段。世界上的选美赛事之所以能够行销全球，与它们弘扬的是环保、和平、绿色等理念不无关系，但对于我们后进者来说，不同的阶段应该有不同的使命，要求我们在蹒跚学步的时候追求跑步的目标，也不太现实。我认为我们目前的中国选美赛事应该立足本身的基础，在这基础上提出我们跳起来能够得着的目标，形成良性循环，使得这个赛事延续下去，而不是办一届就完了。所以我认为，环球品牌大使和形象代言人这个大赛的侧重点应该更多地关注我们的社会发展动力的源泉，就是我们的企业。选美赛事这个行业，应该能为企业解决它们的品牌传播问题，打造一个能让企业品牌得以更好传播的平台。而目前这个阶段，我们的使命就是更好地把它们的品牌向全国乃至世界传播开去。

吴惠安：对，确实说到了核心。就是推动中国品牌和国际对话，推动中国品牌内在竞争力在全球亮相的非常好的赛事。

欧阳国忠：中国企业的品牌意识在逐步苏醒，要摆脱世界工厂这个角色和地位的话，就要打造我们的品牌。但企业发现没有什么途径去传播自己的品牌，好像只有一个方法，就是打广告，去争夺央视的标王，但是争夺了标王，死得更快。实际上，我们给企业找到了一个方法，可以用轻松的方式，能够让大众注意的方式分去传播企业的品牌，通过选拔形象代言人，为企业的品牌去解读自身的文化，提升它们自身的信心。

吴惠安： 首先，我们说企业品牌通过环球品牌大使，提炼企业发展原动力，品牌的核心是它的灵魂在人性的沟通。那么多成功的品牌，每年都在变化自己的主题，变它们的视觉识别系统(VI)、形象片，唯一不变的是品牌的灵魂通过人的代言与世界和消费群体在对话、沟通。沟通需要一个载体，人和人的面对面的沟通是人类几千年一直没有改变的最重要的沟通方式，即使目前的手机、多媒体、微博、互联网，依然是在解决人类沟通的手段和技术而已，并没有改变人和人面对面沟通这个核心，这是精神的沟通。所以品牌大使、品牌代言人正是以人为载体，回归我们品牌代言人的本真里面去，让人和人沟通，让人和社会沟通，这样的沟通更真诚，更容易打动人心，更容易得到整个社会的认可。我相信品牌代言人盛典能够在我们国家那么多个盛典里面成为一个亮点，因为它是站在为解决国家发展支柱问题的高层面上出发的，提出了要建立一个让社会理解、了解、认同品牌的平台，通过这个平台，向全国乃至全世界说出我们中国品牌的价值，而不只是坐而论道。所以，品牌代言人盛典将会在2012年成为全国所有大中小品牌去跟世界沟通的方式，我们致力于打造各个区域、各个行业、各个领域的品牌与社会沟通、政府与大众沟通的平台，我们也希望能够跟中央级的媒体、创新的新媒体一起打造属于我们中国品牌的品牌。

欧阳国忠： 环球品牌大使具有可塑性、具有亲切感。

吴惠安： 这个社会它不是看的实力，而是看你的真诚性有多大。这与找大明星代言是完成不同，它是脚踏实地，实实在在地与消费者进行面对面的交流与沟通，让你切身地感受到它的存在是你的需要。

欧阳国忠：未来中国和世界的沟通归根到底会是企业的沟通，而企业的品牌是需要人这个桥梁去沟通的。

吴惠安：代表一个国家精神的是企业，代表国家灵魂的也是企业。企业的创新精神、企业的使命正是一个国家使命的体现。确切地说，我们用来行销全球的企业品牌精神代表的是整个文化。

欧阳国忠：所以我们环球品牌的使命，至少是在中短期内的使命，理所当然地是要支持中国品牌的发展。

吴惠安：所以我们还要开辟环球之旅的活动。让我们中国品牌企业，让我们中国的企业家真诚地走向世界，真诚地到世界的各个角落去传递我们中国品牌的品牌精神。

案例

2011年_____大型活动项目
投资经营评估报告

年　　月　　日

说明

一、此处所指大型活动项目系指：大型选美赛事、选秀赛事、演唱会、企业推广等项目。

二、公司根据业务规划，选择大型活动项目，根据项目具体情况确定每一个项目的资金额度，报董事会批准。

三、公司组织运营、财务、营销共同组成项目小组，负责投标、授权谈判、财务资金运作等工作。

四、我们将依据此报告判断项目立项与否，有可能根据需要对本项目内容要求补充材料。

五、此报告文档作为内部机密，凡因工作需要接触此文件的相关人需登记报备。

2010/12/16

一、大型活动项目信息

1. 基本情况

活动名称 2011年第61届世界小姐中国区选拔赛

项目概述(200字左右)

世界小姐(Miss World)大赛始于1951年，是全球举办时间最早、规模最大、影响最盛的顶级选美赛事。世界小姐立意于重塑新时代中国女性审美观和价值观，展现当代中国青年女性群体生活方式和价值理念，展现中国式"有意义之美"，让中国人向世人展现榜样模范作用的重要舞台，2007年中国区冠军当选世界小姐全球总冠军的张梓琳近年来知名度非常高。

2011年第61届世界小姐中国区选拔赛以"公益爱心、自爱自强、绿色低碳"为赛事主题，以最强大的媒体声音，共同打造影响力最大、最有特色的国际性赛事。

2010年第60届世界小姐中国区大赛举办了北京、上海、广东三个分赛区，中国区总决赛在深圳东部华侨城举办，世界总决赛在海南三亚国际旅游岛举办(海南三亚连续三届成为世界总决赛举办地，由世界选美机构总部直接洽谈合作，2011年未定)，在国内逐渐成为了众多选美赛事中影响力非常高的国际性赛事之一。

新闻发布会举办时间：2010年11月

分赛区比赛：2011年2月至5月

培训：2011年5月至6月

总决赛时间：2011年7月

举办范围： 目前已定深圳、四川赛区，其他未定。

活动类别

★ 大型选美赛事

□ 大型选秀赛事

□ 演唱会或相关

□ 企业推广活动

□ 公益活动

其他(请用文字说明)_____

2. 目前活动项目领域(可多选)

□选美赛事：世界小姐、国际旅游小姐、世界旅游小姐、中华小姐、香港小姐、国际中华小姐、中国小姐等及所在省举办之形象大使赛事。

□选秀赛事：汽车宝贝、数码宝贝、高尔夫宝贝等相关赛事。

□演唱会及相关：周杰伦、刘德华、罗志祥、芭蕾舞、星光大典颁奖典礼等。

□企业推广公关活动：健力宝亚运拉拉队选拔、浪奇绿带行动等。

□公益活动：腾讯新乡村行动、明星公益等。

3. 项目负责人

联系人 __吴惠安__ 手机 _____

电话_____ 电子邮件 _____

履历(请重点列明与申请项目相关的专业经验。)

2010年国际旅游小姐冠军赛广东赛区总决赛运营，全国赛策划推广；

2010年健力宝广州亚运会亚运拉拉队全国选拔赛策划执行；

2010年光线影业《最强喜事》华南地区植入式广告市场开发代理；

2010年广州长安宝宝大赛；

2010年超级女声(花儿朵朵)、快乐男生广东赛区；

2010年中国美在花城广告新星大赛；

2009年中国明日之星影视新星大赛；

2009年南方新丝路超级模特大赛；

2009年统一蜜桃多"寻找蜜桃女孩"全国总决赛；

2008年南航空姐真人秀全国选拔赛；

2007—2008年广东电视台未来主播电视主持人大赛等。

运作思路：(请重点列明对申请项目的市场运营思路。)

对于2011年第61届世界小姐总决赛，主题立意明确，有良好的市场运作基础，但在华南地区世界小姐的影响力依然弱势，项目运营关键在于品牌培育与市场开发并重，抓住世界小姐的平台和媒体属性。

我们将大力开展与政府机构、协会、企业、媒体与社会的良性互动，通过紧密结合社会主流重大事件，比如2011年广东深圳世界大学生运动会、辛亥革命百周年、企业成立周年等热点事件，通过各种灵活到位的主题策划，加强与各知名企业商家的全方位合作，特别是通过挖掘融资城会员庞大的企业资源和社会资源，转化为经济效益和社会效益。

我们将开发独特的会员合作模式，新的合作方式的运用，将充分挖掘关于世界小姐在分赛区运作、冠名合作、特约合作、指定产品合作、会员合作等方面的市场价值，创造更高的效益。同时通过对选手的立体式包装，成为公司增值式服务的重要组成部分。

我们将加强与南方报业传媒集团、广东电视台、新浪网站等知名媒体的深度合作。保留了原有经典内容部分，如泳装单项赛、运动单项赛、才艺单项赛、厨艺单项赛、超模单项赛、赛事期间的慈善活动及最为闪耀的决赛颁奖暨加冕晚会以外，遵循世界小姐选拔优秀女性，让其璀璨发光的宗旨，在选手前途规划方面，特别为入围总决赛的选手提供了多样化职业选择，如为冠亚季军选手提供大学管理项目奖学金；牵手多家中国百强企业和上市公司为选手们提供多种职位选择；在电影、主持界、唱片界也为选手们争取重要的角色，以期通过大赛选拔才貌双全、秀外慧中的优秀女性。

赛事规划与执行、选手行为准则、赛事合作伙伴以及赞助商选择等深层次融合在一起，也成为大赛的策划亮点。

二、基本信息

1. 项目实施地点：中国区、广东区

2. 项目定位及主题方向参考项

(1) 公益：＿＿＿＿＿＿＿＿＿＿＿＿＿＿＿＿＿＿＿＿

(2) 环境保护：＿＿＿＿＿＿＿＿＿＿＿＿＿＿＿＿＿＿

(3) 时尚：＿＿＿＿＿＿＿＿＿＿＿＿＿＿＿＿＿＿＿＿

(4) 美丽：＿＿＿＿＿＿＿＿＿＿＿＿＿＿＿＿＿＿＿＿

(5) 科技：＿＿＿＿＿＿＿＿＿＿＿＿＿＿＿＿＿＿＿＿

(6) 文化：＿＿＿＿＿＿＿＿＿＿＿＿＿＿＿＿＿＿＿＿

(7) 国学：＿＿＿＿＿＿＿＿＿＿＿＿＿＿＿＿＿＿＿＿

(8) 爱心：＿＿＿＿＿＿＿＿＿＿＿＿＿＿＿＿＿＿＿＿

(9) 学术：_____

(10) 其他：_____

3. 项目周期

从2010年12月__日开始，到2011年7月31日结束。

4. 组委会及合作方式、政策及资源描述：

中国区组委会将成为大赛的指导组织，为大赛提供公正性保障并提供大赛专业技术和运作督导。

5. 主办机构及合作方式、资源描述：

本公司作为主办机构，冠名企业作为联合主办机构，并同时成为大赛组委会成员，负责大赛的管理和指导。

6. 主办媒体及合作方式、资源描述：

主办媒体包括融资城网站、新浪等主流网站、《21世纪经济报道》、《南方都市报》、广东电视台公共频道、广东电视台油轮旅游频道等，选择其中作为大赛主办媒体，提供全程报道和宣传，提升大赛的知名度，为合作企业提供更强有力的宣传媒体。

7. 合作媒体及合作方式、资源描述：

《广州日报》、《21世纪商业评论》、《商务旅行》、《环球企业家》、《理财周报》、《福布斯中文版》、《信息时报》、《南方周末》、《羊城晚报》、南方电视台、网易、腾讯、新浪、《时尚》杂志、CNTV中国网络电视台(爱西柚)、环球网、腾讯网、激动网、暴风影音、土豆网、妆点网、太平洋女性网、视讯中国、3G门户、51.com作为大赛的合作媒体，配合大赛进行宣传。

8. 合作机构及合作方式、资源描述：

中国狮子会、环境保护组织、教育、红十字会、壹基金、腾讯公益爱心基金等社会知名、管理科学的公益性机构，参与并举办联合行动；

各省市商业联合会、协会、行业联合会、旅游、时尚、音乐、造型、电影等专业协会机构参与并举办联合行动；

各合作音乐唱片公司、电影制作公司、舞台剧文化演出公司等企业联合举办专项活动，提供多元化的选手职业选择和福利。

各地区政府主办的招商引资、旅游、科技、工业、文化类活动，参与其组织的各类活动。

9. 赞助企业及合作方式、资源描述：

为赞助企业提供赛事将采取全国总决赛、分赛区总决赛"总冠名赞助商"、"伙伴赞助商"、"唯一指定产品赞助商"、"指定产品赞助商"、"单项赛赞助商"等合作方式。合作客户范围包括：汽车、数码、酒店、珠宝、地产、大众日用品、钟表、服装服饰、电子、行业协会、高尔夫产品等。以现金、置换等合作，为其提供活动营销解决方案。

三、资金使用计划

(以下均为人民币。)

资金使用计划：___0___万元；

营业目标额：_____万元；营业利润：_____万元；

使用周期：_____到_____；

特别资金使用：_____年_____月_____日。

1. 项目经营收入预计：

(1) 项目活动授权收入_____万元；

(2) 项目企业赞助收入_____万元；

(3) 其他不可预测收入_____万元；

项目收入合计人民币_____万元。

2. 资金使用计划明细：

(1) 项目所需活动授权支出共需人民币____万元；

(2) 项目所需活动支出共需人民币____万元；

其中：场地、灯光、舞台、音响、道具等____；

主持人、嘉宾、领导接待等____；

培训、服装、造型、发型等____；

保安、审批等____；

(3) 项目所需宣传支出共需人民币____万元。

其中：电视电台媒体、报纸媒体、网络媒体、杂志媒体等____。

(4) 办公及人员费用支出共需人民币____万元。

其中：项目办公管理费用____；

导演制作、管理人员工资福利费用____；

选手通讯、住宿、食宿费用____；

交通差旅费用____。

(5) 其他不可预测费用____元；

项目支出合计人民币____元。

全攻略

第五章 如何策划电视频道活动

主流媒体的价值传播在哪里？

老百姓也能成为新闻传播的参与者？

如何让节目活动化、活动节目化？

如何让制度的创新调动节目的创新？

《新北方》、《健康一身轻》、《都市嘉年华》、《我要上电视》等栏目的成功创新，掀起了辽宁都市频道收视率的不断翻新，成为辽沈地区电视节目的领跑者。在众多以抓少男少女眼球为目标的电视大军中，孙宏和她的辽宁都市频道独辟蹊径，打出了节目活动化、活动节目化的大旗，将老百姓拉上了节目的活动舞台。

本章主题

收视率大战在各大电视台之间上演得如火如荼，没有硝烟却战火弥漫。大家使尽浑身解数，各出奇招、怪招、妙招，只为争夺观众的注目，因为收视率决定了电视栏目的广告价值，决定了电视频道的收益率。

怎样才能让电视栏目一枝独秀，在众多的竞争者中脱颖而出？怎么才能兼顾节目的主流价值与收视率？怎样才能打造出有良心接地气的电视频道活动从而拥有忠实节目支持群体？怎样才能保障节目的收视长虹？辽宁都市频道节目总监孙宏用她的多年经验为我们解读节目活动化、活动节目化的电视活动频台发展之道。

人物介绍

孙宏，辽宁电视台都市频道节目总监。

▣ 对话孙宏：提高价值诉求确保电视活动品质

被访人：辽宁都市频道节目总监 孙宏

访问人：环球活动网董事长 欧阳国忠

把自身的架子放下来，把频道的价值提上去

欧阳国忠：为推广国内电视栏目的创新行为和创新成果，总结经验，加强行业指导，推动创新栏目的良性发展，我们最近对各地民生栏目进行访谈。下面请您谈谈贵频道在运营上、节目活动化、

活动节目化上是如何创新的？

孙宏： 我感觉，频道的创新，是依托我们的地域文化，再结合创新精神。我们的追求，所拥有的大气、沉稳的气质，在整个频道的活动、整个节目的构架上体现得淋漓尽致。用接地气的方式，引领城市的精神文化追求；用创新的思想，做成主流传播、价值实现和价值传播；用媒体的力量，挖掘老百姓中间的真善美。然后，引领观众、感召观众，并最终成为引领城市进步、老百姓文化生活的精神家园。这是我们一直以来的追求。在这一点上，我很踏实，很自信。

欧阳国忠： 诉求电视频道价值的提高，是电视人先把自身的架子放下来？

孙宏： 对。你说得太好了。

欧阳国忠： 看来，引领我们台的一个核心要素，其实是把自身架子放下来，把频道价值提上去。这一放一提，实际上就是形而下和形而上的统一。把我们和老百姓的地气接起来了，是形而下；因为这是个大众媒体，大众媒体一定是要把这里当成老百姓的一个家，频道价值自然就提上去了，是形而上。我觉得这比较好，是重点，可以去放大的。

孙宏： 欧阳老师，你确实是专家。我就说我需要有一个人给归纳和总结。你说一方面是形而上，一方面是形而下。抓住上面，原来我们看得很重的东西，现在是简单处理了；但是，植根下面，原来我们忽略的接地气的东西，现在就做大了。

欧阳国忠： 我们还可以进一步地提升，老百姓就是咱家的人儿！家里有事，共同来面对，因为"家"意味着团结、友爱、和谐。

孙宏： 对。"家"的价值能跟社会层面的诉求相吻合的，抓住形而下，接地气的方面，其实我们的受众群体就变大了。

欧阳国忠：价值提升后，吸引的人的层次也会提升。

孙宏：对。

欧阳国忠：如果说喜欢看电视的都是老大妈，主流人群都不看了，那这个传播就没什么意义了！将一些看似鸡毛蒜皮的事，融入到时代大背景中去解读，形成模块化，是一种进步。这样的话，所有的节目都可以围绕这个阶段的社会核心价值来打通。把自己给放下来，和老百姓融为一体，无论是鱼缸演播室的开放平台，还是记者与老百姓心贴心的沟通交流，都紧紧围绕这一重点。这个理念是一个龙头，引领了你整个心里的变化；也可以像化学反应，它是一种活化酶，能催发整体的变化。

孙宏：对，你说得太好了，确实是这样，我们现在正朝这个方向努力。

比如《新北方》，不去报东家长、李家短，而是去挖掘人与人之间的美好的情感。有一期，我们去报道了一对老夫妻，特别平凡，老太太有病，老头就天天陪着她，吃了很多药也治不好，当然也受限于家庭经济能力。医生告诉她，你就天天走，就能治好你这病。她有点脑血栓后遗症。结果，她就真的每天都走。平均达到每天走四五个小时，最多时达到十个小时。在本溪的一个记者，就把这一切记录了。新闻播到第二天，我们由此展开了一个主题讨论，就叫做"什么是爱"。我们的主编开始拟的主题"什么是爱情"，我把"情"字给删了，我说爱情这个词语不恰当，因为爱情容易被误解成是对年轻人说的。我们应该讨论的是爱——同志爱、亲情爱、夫妻爱。爱是我们心里渴求、追求的。尤其是当代社会，这对老夫妻之间的情感，更多是一种亲情，一种爱。

因为这个事件的启发，我在我各档节目都形成了一个联动，因为这次主题讨论有很好的社会反响。我很重视这种互动性很强的话题性延展。在互动性话题性延展当中，我们注意引领，就像我刚才说的，老夫妻报道结束后，选择的是"爱"这个主题，节目播出后，老夫妻再上街，公交车、出租车、私家车司机及乘客，都跟她打招呼："祝你健康"、"祝你好"。因为她每天总在路上走嘛。社会风气受到积极的影响，特别感染人，就是这种感觉。

写评论、做报道，关键抓住两条：一是关注城市发展的脚步，推动提高城市管理水平；二是关注老百姓的文化生活，创造他们热爱的精神家园。我们积极、正面、善意和理解，成为政府和百姓的沟通的桥梁和纽带。政府需要我们传达和解释，百姓也需要我们反映和沟通。

我觉得题材、收视率、影响力、美誉度、粘合度的吻合是一个很好的窍门。我们有一档访谈节目《今晚博客》，作为新闻访谈节目，郭明义的事迹是一个热点，有社会影响力，应该去做一期，那一期的收视率超高。政府知道你这个平台，不是给它添乱的，是一个表达主流价值的平台。而且，老百姓接受并愿意用这个平台。我做被很多人认为所谓的不好做的，我有自信能做好，并且老百姓爱看。

欧阳国忠：如果主流价值观的东西做得不好看，是你做主流性的人功力不到。

孙宏：对啊。现在中央号召走、转、改，现在这个社会开始转型。大家对郭明义等先进人物不一定了解、不一定充满敬佩，有很多新的社会领域，一些社会矛盾反而会凸显。我们的节目，就应该在这里成为柔和剂，或者成为粘合剂。走基层，转作风，改文风，在这个过程中，多做一些创新选题，去体验改革开放以来三百六十行中的新兴事物。

比如说，清扫工、搬家工、保姆、陪护这类的，大家瞧不起，我让我的新闻主播，让我的外景记者去做节目，给他们以尊重，让他们有抒发的渠道。我觉得在关注弱势群体的酸甜苦辣这方面，新闻媒体应体现社会主流价值传播的作用。在人物选择上，我尽量抓典型，并且强调节目后续的互动环节。有一期外景记者采访清扫工，凌晨两点跟她出来工作，多艰苦啊！后期制作时发现一个细节，清扫工吃的早饭是她丈夫给做的，我就说，你应该去补充采访她丈夫，就是反映这个清扫工的背后，家人对她的关爱。清扫工说，我不怕吃苦，都习惯了，我最闹心的是：这地刚扫完，一个车上扔个水瓶子，或者一个人路过吐口痰。

我们在节目中号召市民：对这个城市要有爱，尊重环卫工人及其劳动，做文明市民。同时，我们后续推出"随手拍"：拍你看到的不文明。例如前面说过的从车上扔水瓶子的人，随地吐痰的人，市民拍下来，我们在节目中互动。我通过对一个事件的放大，就能有连锁反应，然后节目内容丰富了，社会影响力扩大了。这一过程中，我们所追求的正是社会缺乏的责任意识、需要向大众所倡导的社会主流价值。

我们做电视的，就是要在培养社会责任感和倡导社会主流价值观的领域，选择突破、实现创新。

欧阳国忠：是的。

用创新手段搭建政府与百姓的沟通桥梁

孙宏：在培养社会责任感和倡导社会主流价值观的领域，如何选择突破、如何实现创新？在这个层面上，我们去寻找操作的手段，通过用微博、随手拍等形成话题的讨论并全方位互动。

我们一共9档节目，其中有早间、午间，晚间有6档节目是直播的，直播的6档节目全部开通互动平台，全天24小时开放，跟老百姓交流。老百姓看我们的节目，会感觉到与他们的生活息息相关，同时又觉得节目是阳光的、积极的、向上的，在关键时刻，我们还能帮助他们。

最近，我们跟踪报道了一个小区。10年了，自来水一直不通，老百姓生活非常困难。记者连续跟踪了3天，10年的问题解决了。

当然，有一些事件，笑当中可能还含着泪，但是我觉得关键时刻，我们还是要该出手时就出手，努力去搭建老百姓与政府之间沟通的桥梁和纽带，实现社会主流价值的媒体传播。我们的关注对象，特别是我们频道的关注对象，很多都是居家过日子的普通人。他们需要什么？真实地反映他们的生活和情感，你有这些问题，他有那些问题，真心地为他们呼吁，寻求解决问题的办法，老百姓才能说心里话，你才能实现自己的价值。

我现在特别高兴的是，原来的这个频道的观众都是大爷、大妈。经过这么一系列调整，现在，机关的人尤其是官员，看的多了，而且年轻人看的人也多了。我们节目整个的受众群体人数在增加，层次在提高，我觉得这就是成功。

2008年，开始创办《都市嘉年华》这个活动，有一个海外留学后归国创业的人，是个年轻人，特意赶到我们的节目现场。他跟我说，他没有想到，家乡会有一档这样的节目，如此为老百姓着想，充分展示家乡的变化。看你们节目，有这样一条河，原来是臭水河，现在我们在这河上划龙舟搞端午节活动。家乡的变化大呀。爱祖国、爱辽宁、爱家乡。他说他喜欢看《新北方》，喜欢看《健康一身轻》，喜欢看《正在行动》。问他原因，他说看完节目以后，觉得挺舒服。这说明我们节目契合了他精神层面上的追求。

全频道联动，整合、梳理、评说，引领频道快速发展

欧阳国忠：有了这样的理念后，那你在节目构架上如何做调整呢？

孙宏：我觉得更多的是全方位地制作新闻产品、提供新闻服务。新闻服务早、中、晚这种构架，根据不同特点进行调整。通过整合、梳理、评说三个关键词，引领频道不断发展。只要大家愿意来参与，愿意来观看的，无论节目的收视率还是业界的影响力都是水到渠成的事情。

在节目构架上，还有重要的一点，就是全频道联动。各档节目联动做得非常好，每档节目之间都是咬合的。一旦有重大事件，如极端天气等；或是突发事件，汶川地震；或者说重大事件，如北京奥运会等，我们就会临时成立了一个应急机构，在一个重大的主题上，来进行活动。

我们有个法制节目《正在行动》，在全国影响非常大。节目在注重法理的同时，融入情感元素，法制事件与人间情感水乳交融，使节目更具人性化、更有人情味儿。当一个节目跟大家真的成为了朋友，真的坐在了一起，我们的法律援助、法律援助热线等就有了生命力。

一句话，就是理念要变，不是光说我在节目上怎么做，而是我怎样跟观众形成这种沟通和联系，增加这种节目与社会的粘合度。

欧阳国忠：那就是说咱们的频道将整个资讯整合、梳理、评说，关注民生，它实际上是核心创新点。可以这样解读吧。

孙宏：嗯，更注重引导。整合、梳理、然后评说，更注意引导，它实际上形成了话题的互动性和延展性。当然，保证广泛性的同时还要能深入。

欧阳国忠：然后形成一个捆绑效应。

孙宏：对，要达到这个效果。这是我们的希望和追求，倒不一定每一期都如此。有重大的、话题性的事件突发，我们就进行。

更多还是我们自己去挖掘选题，比如前面提到的清扫工夫妻之间的爱。还有一个最重要的因素就是我们的责任感和使命感。台里给我们这个平台，首先我要对台领导有交代，这是责任；其次要对喜欢我们频道的老百姓要有交代，这是使命。那么多频道，观众可以随意选择，他爱你一个频道，爱你一个节目，是他感觉到你是为老百姓用心办的节目，他是用心选择的。抛去功利的这种东西，用一种很正的心态去服务于老百姓。

我跟你说，你现在不讲市场是不行的，我这么走，坚持下来，市场也认可我。对老百姓的影响力提高，收视率自然提高，广告市场份额也提高了，创收也就自然水涨船高。所以，我坚信我这个路子是正确的。

以《都市嘉年华》为例，最开始是每年200万、400万，今年达到了700万元的广告收益。才20多期节目，不是全年啊。

欧阳国忠：翻了3倍！

孙宏：对啊。所以我就说，节目做得好，企业就认可你，企业觉得能给他们带来好的影响。影响好是啥？是因为老百姓相信你这个节目。

现在，只要是《新北方》说的，老百姓肯定就说好；《健康一身轻》说的，老百姓肯定也说好。

欧阳国忠：嗯。

孙宏：在全国范围内，《健康一身轻》应该说是翘楚。这么一个健康类的节目，就是张悟本事件的时候，我们都没着急。

欧阳国忠：嗯。

孙宏：《健康一身轻》被卫生部的专家委员会认为是有追求、有道德、有责任的一个健康栏目。我们请的人全是进入到卫生部花名册的专家，深受老百姓信赖。

《健康一身轻》说山药好，第二天山药就能涨价，就能脱销，我们一直坚持群众路线，从观众中来，到观众中去，服务于观众。其实你不觉得，现在走、转、改，不也是这样嘛。

欧阳国忠：对。

孙宏：就让节目与观众的生活融合到一起。

欧阳国忠：这里边也符合我们党提出的"三贴近"原则。

孙宏：对。

欧阳国忠：实际上，我们用实践来实现这个理念，我觉得这个挺好。

孙宏：确实如此。

系列化、主题化、常规化确保节目活动创新性

欧阳国忠：你们在节目活动化、活动节目化上是如何创新的呢？

孙宏：关于活动，我们有个《都市嘉年华》，能够充分体现。

我们的创新点在于各个频道都在搞活动，并且把活动主题化，系列化，然后就是固定、常规化。比如说《都市嘉年华》的这个平台，用"爱祖国、爱家乡、建辽宁"的这个主题活动，给它串联起

来，搭建老百姓寻找快乐的舞台。

欧阳国忠：打包在一起。

孙宏：打包在一起了。系列化、主题化。

欧阳国忠：还有常规化。

孙宏：常规化并形成一个季播的概念。因为季节限制，每年开春以后，四五月份《都市嘉年华》就启动了，等10月份、11月份的时候，《都市嘉年华》基本收尾，然后在11月份、12月份又开始启动，等到春节的时候，就集中推一个《我要上电视》百姓春晚。在《都市嘉年华》当中，集中展现这些参与者。

这个起因，始于2008年的端午节，2008年5月28号，一个很吉利的日子。我们这个频道的班子成员，还有制片人，20多人，我开的面包车，给他们拉到公园去。我说：这公园太美了，想搞一个活动，搞什么活动、怎么搞，我没想好。咱们共同找点子。发动大家的积极性，共同想办法。我们讨论了三个多小时，决定搞纯开放式的直播，老百姓能参与的。你知道吗？他们说前无古人。

欧阳国忠：老百姓的嘉年华。

孙宏：对。名称就叫都市嘉年华，主题定位成"爱祖国、爱家乡、建辽宁"。"谁不说俺家乡好"，就是这个意思。走进农村，走进大梨树，走进高校，办百姓春晚，给老百姓搭台，给百姓唱戏。

百姓春晚是怎么来的呢？我们省委常委宣传部长张江同志到咱们台来视察，跟我们座谈，他提出：我们与其花那么多钱请明星大腕来演出，不如就让老百姓中的能人自己来表演。如果用请明星大腕的钱给老百姓的自娱自乐提供点儿方便，他们就会很高兴、很感谢嘛！

受张江部长的启发，《都市嘉年华》就到城市广场去，寻找广场的百姓明星，他们就是我们的表演嘉宾。我们的节目也和老百姓的生活紧密地融为了一体。

欧阳国忠：你是想做一个和老百姓能融为一体的活动？

孙宏：对呀。

欧阳国忠：可以说，活动的节目化、节目的活动化，这两者在《都市嘉年华》中有很好的结合，实现得比较好。

孙宏：对。比如说我们的这个《都市嘉年华》，它是个活动吧？它以节目化形式呈现出来。那么《新北方》是个节目吧？我让《新北方》和《都市嘉年华》联动，它又是个活动。

欧阳国忠：是这样的。

孙宏：然后，《新北方》组织的这种活动和老百姓自娱自乐的这种活动，形成互动，在屏幕上展现，节目之间也形成互动。搞活动的目的就是为了老百姓能快乐，必须积极发动老百姓的参与。

欧阳国忠：对。

孙宏：节目要有影响力，就要关注老百姓对节目的反应。

欧阳国忠：节目的活动化就是建立节目与老百姓之间的互动机制。

孙宏：这是一个不断探索的过程。原来各档节目自己搞自己的，我发现这种各自为政，没声没响地搞活动不行，也不正规。

欧阳国忠：对。

孙宏：咱们都到桌面上，开几个碰头会。

《新北方》不是影响最大嘛，老百姓最喜爱嘛，那《新北方》今年你有什么计划？把今年的计划说出来。《新北方》提出搞"珍爱图书馆"，搞"爱心基金"，给贫困的辽西地区打多少眼井，要出书等这样的东西。我就说，你《新北方》把五周年庆典这个活动拿出来，由《都市嘉年华》的人来考虑、来设计。

《健康一身轻》你想搞啥？《健康一身轻》想进到社区，搞

"专家下基层"，搞"健康家庭大比拼"，好，全部列入到《都市嘉年华》里，就叫《都市嘉年华》之健康英雄会。

欧阳国忠：嗯，这样的话影响就都扩大了。

孙宏：是的。又丰富了节目内容，也是很好的活动形式。我就觉得这确实挺好。节目和活动之间紧密联系起来，形成合力。

欧阳国忠：光做活动的话，意义不太大。在做活动的同时又丰富了节目的内容，价值一下子得到翻倍的提升。

孙宏：对。

欧阳国忠：因为活动，它是有社会功能的，可以提升品牌，节目通过活动迅速传播，同时也是整合资源的最好方式，实现创收。另一方面，活动互动性强，可以把赞助商的利益融入其中，特别是社区活动。对于赞助商，对于你们，双方都得到了回报。

孙宏：赞助商喜欢啊，他们看重这个频道的影响力。我们搞活动来参与的至少好几万人，《都市嘉年华》累计参加能有三四十万人。

欧阳国忠：蒙牛与《超级女声》合作最成功的时候，《超级女声》举办的路演，实际上也相当于蒙牛的品牌推销会。

孙宏：实话实说，你从湖南来的，这一点上，其实是我们做得还不够好的方面。就是我们没有跟企业达到这种程度的合作，"超级女声"当年路演活动模式是我的追求。你可以帮我们做，帮我们做得更好。

我现在想，刚才你提出的活动节目化、节目活动化的问题，靠什么来融合？就是话题化、主题化和系列化。就是你有话题了，有主题了，节目活动化和活动节目化之间就找到落脚点了。找不到落脚点，一切都是纸上谈兵。

欧阳国忠：对。我去年接触到你们以后，我觉得你们做的还是非常好的，而且理论创新也是非常早的。但是你们缺乏全国的影响力。

孙宏：这个我知道。

欧阳国忠：节目品牌有一个定位问题，可以叫学术品牌。例如《南京零距离》，学术品牌定位为民生新闻。他们开研讨会认为这个新闻模式是他们的创新，其实，并非如此，北京台的《北京特快》与成都台的《今晚800》比他们还早呢。

孙宏：明确提出并传播这个概念的是他们。

欧阳国忠：找到概念并且还要准确地定位。

孙宏：对。

欧阳国忠：《南京零距离》，是民生新闻节目的标杆。在它后面推出的同类节目，都是给它们在做助推。

孙宏：同意。

欧阳国忠：所以说，我们要上一档电视节目，内容和形式固然重要，还要分析它播出后将在业界创造一种什么现象，或者是对社会带来了什么样的影响与变化。作为学者，我会用一套学术语言，把它的品牌价值提升上去。这就是我以后的工作。

孙宏：可以啊。

欧阳国忠：优秀的品牌传播策划，一定是要上升到一种理论。

孙宏：你说得对。得上升到理论，形成概念。

欧阳国忠：毛泽东打江山，提出农村包围城市的理论，他用理论武装整个革命团队，革命走向成功。所以我觉得，从电视传媒产业运营的角度，把理论提出来，然后贯彻执行，空间广阔。

孙总既然把这个频道做得这么好，完全有能力百尺竿头更进一步，做出更大的贡献。在产业运营这块完全可以突破和创新，这是很厉害的。

孙宏：《都市嘉年华》、《我要上电视》，从这个角度，我觉得是能够有突破创新的。

欧阳国忠：在中央台研究室工作的时候，我就设想做一个活动频道，直到现在，中国还没有一家频道提这个概念。

孙宏：对。

欧阳国忠：这个概念体现以后，对整个频道，对辽宁电视台都是一大提升。

孙宏：那当然了。有制高点了，有影响力了。

欧阳国忠：占领一个理论的制高点，你就会有影响力，你就引领了这个行业，引领这个受众群体。

孙宏：这个符合发展的大潮流。

欧阳国忠：我觉得，闷着很多苦力做节目，实在很辛苦，要做进一步提升，一定要再上升到理论，达到形而上与形而下新的统一，那你就省力了。

孙宏：是要按这个模式去整改，咱们以前确实没有深入做这方面的工作。太好了，你看我们还是有点基础的吧。

欧阳国忠：当然有。

孙宏：能研究？

欧阳国忠：绝对能。实际上，你们这个频道整个节目的活动运营这一块做得非常棒，从节目的角度来讲，提升的空间有限，所以要从产业的角度进一步提升。

孙宏：对，咱把这种理念放到这上面来考虑。

欧阳国忠：是的。节目的形式包括互动，无非就是那么一些手段。我们把频道整体包装，提高品质。你们节目现在有非常好的形式，有非常好的内容，老百姓的满意度高，怎么来形成一个高端的人士收视率，给企业看，市场很大。

孙宏：我们会在这方面进入深入实践。

技术创新是节目创新的依托

欧阳国忠：除了节目的改进，你们在技术手段上是如何创新的呢？

孙宏：真正节目体制上的创新，就是完全的开放平台。我们一共9档节目，其中有早间、午间，晚间6档节目是直播的，全部开通这种互动的开放平台，然后频道联动。两部摄像机，是随时可以开通的，就是我们32楼的风景摄像机和我们气象直播的摄像机。

欧阳国忠：风景摄像机架设在楼顶上，能把城市的面貌拍摄进来吗？

孙宏：全部拍摄进来，然后实时信号就接进到演播室，在演播室用超大的液晶的大屏幕呈现。

比如说我们前两天的暴雨天气，就直播过下冰雹。风景摄像机就如同现场报道的记者。直播过程当中，插播风景摄像机的画面就是一条新闻了。所以，老百姓可以看到下了多大的雨，冰雹有多大，很直观，并且马上连线气象局专家，解释这是怎么回事，应该怎么办，随时联动。在早、午、晚各档节目当中提供常年的户外气象服务。

欧阳国忠：气象服务是及时的、权威的，还很生动。

孙宏：气象服务其实各台都有。但是我们的气象服务，它依托了全国最早开办的健康节目《健康一身轻》，是健康服务体系的一环。把这种天气服务也做成新闻由《都市气象站》播报出去的。

频道表现手法的创新，以SNG(卫星新闻采集)现场播报和全国第一台鱼缸演播室为典型，这也是我们的史连文台长首先提出，由技术部门一起研究实现的。

欧阳国忠：鱼缸演播室是你们首创的。

孙宏：我们辽宁广播电视台史连文台长的首创，在我们频道试点。

鱼缸的鱼就是我们的记者及采访的嘉宾。鱼缸，顾名思义就是透明的、开放的。鱼缸演播室，随时可以开到马路上去。就是说，嘉宾随时可以上来，老百姓也可以上来，可以看到事发现场的情况及时转播，是我们频道首创的。让老百姓觉得电视不那么神秘，群众以平等的心态、放松的心态参与到节目中。

欧阳国忠：老百姓的参与感更强了。

孙宏：技术手段也是实现理念创新的一个重要保证。我们专门成立一个SNG直播小组，为这个鱼缸演播室，搞直播活动，已经常态化了，他们还用微博在直播时互动。

欧阳国忠：这个开放的平台，就是办电视的理念从封闭朝向开放的转变，理念的创新导致技术的突破。技术不是一个特别的东西，实际上是你的理念打开了，一打开，便一通百通。

孙宏：对。

欧阳国忠：在日本，他们的风景摄像头在一个城市的不同的点都有的。发生地震以后，第一时间切到演播室来进行播放。在国内，你们这里首先实践。最根本的还是你们从价值理念的一种放开，把老百姓接纳成新闻的参与者来做了。从理论上定位的话，是你们关注民生、挖掘人间真善美，实现主流媒体价值传播。

项目负责制让节目活动充满活力

欧阳国忠：你们在管理上是如何实现突破的呢？如何给员工一个上升通道、如何调动他们的工作激情？

孙宏：台里在人才管理鼓励技术层面这种大胆的实践，给我们频道很多的支持。

从我们频道来讲，现实的情况是节目多，活动多，人员少。怎么办呢，我就采取项目负责制，现在制片人基本上不直接管活动了，让优秀的记者来管。就是说，我认可你的能力，《都市嘉年华》某一期活动就交由你来负责。他负责联系前期，等到你筹备完成，直播前我们大部队再上。这个项目结束后，你回来还干你原来的工作。这个过程当中，他追求了，历练了，自信了，他拥有了价值感、成就感。

我跟我们的制片人提出，无论通过什么样的方法，要让团队的人有价值感，实现了价值，他就有荣誉感，有成就感。然后他就会愿意兢兢业业去做事。你要善于抓住任何一个亮点给他，给他一个支点。我希望我们的团队，有凝聚力和战斗力。我们的制片人，说实话都还年轻，成长过程还需要历练。

欧阳国忠：对，除了行政职务之外，设置首席记者、岗位明星，派生出一些新的以业务指标来考核，给他们发展的空间，毕竟总监只有一个。

孙宏：是呀，《都市嘉年华》，因为投入有限，人员有限，就完全采取项目负责制，给他们锻炼机会，给记者上升空间，要不然他就不会满足，不会去深入挖掘。这种创新的理念，增加了节目与老百姓的粘着度，也为频道的发展提升了空间。比如说让你采访征兵，别人可能只报导征兵过程如何，而我们的记者则去寻找征兵背后的故事。这样一来就给一线的记者提供上升通道，他们可以成为首席制片人、首席记者、岗位明星，待遇都相当于总编、副总编。

欧阳国忠：这里边有体现了一个很重要的管理理念，一个媒体、记者团队的素质和责任感实际上就决定了整个节目的格调、形式和内容。

孙宏：我同意。我经常给他们灌输这些思想。打情骂俏、格调低俗的内容，老百姓现在不爱看的。我是2007年来到都市频道，收视率的压力很大。但我自信，抓住一两个典型，做得好的，就大加表扬，慢慢渗透。现在，收视率高了吧！

你今天节目做得好，我就说这期节目好，收视率肯定高。有一天你的节目一般，我就跟他说，你收视率不会像你期待的那么高啊。我要让他们自己认识到不足。

这个团队原来就是干民生新闻起家的，经常有些小磕小碰，经常犯些小错误，经常惹祸，经常被台领导批评。台领导批评我在管理上太温柔了，他说你得再严厉点！我说我确实需要反思。问题原因在哪里？我愿意跟大家探讨，这是我的领导风格。你看这样是不是不太好，是不是应该这样。问题点找到了，解决方案找到了，就事论事，我说你给我就按这个整，去执行。

我理解了这些孩子，他们有自己固有的思维模式和行为模式，需要不断地历练、不断地磨合。

现在得了很多"先进集体"的荣誉，以前这个频道从来都没有。《新北方》刚刚获得了"全国五四青年文明号"的称号；《健康一身轻》获得了"全国巾帼文明岗"、"全国三八红旗集体"、

"党员示范点"等，我们频道近两年获得了很多这样的荣誉的。我为什么会把这个团队带好，我觉得很重要两点就是：第一，我对他们的爱；第二，我有使命感，我觉得我有这种责任、义务引领他们走上更好的发展道路。

欧阳国忠：用一个字来概括就是"爱"字融入团队的管理理念中。但如果只是一时的哗众取宠的话，可能一时收视率很高，但是这个很容易掉下去，群众基础可能就有问题。

孙宏：对。搭建平台，通过管理上的创新，通过项目负责人制度，使他们的价值实现最大化。

我们频道的活动太多，几乎每个人工作都很饱满，有点经验的，文笔好的，能力强的，没有几年，他就成为总编了，他就成为制片人了。但是他的思想理论层面，还没达到我的要求。要带领他，不断地学习啊。

我现在给他们规定必须看《人民日报》、必须看新华社的文章、必须看中央电视台的《新闻联播》。你得掌握这个国家发展动态，你得有大局意识、责任意识。经常研究社会发展的动态，研究明白了，你才能抓到重点，才能紧贴时代的脉搏，才能搭建政府与老百姓之间的桥梁。作为一项制度，执行下去了。我这么干以后也有体会，省宣传部对我们也放心。

欧阳国忠：真正要做出有水平的东西，千篇一律不行，举个例子，战争题材的《亮剑》，一出来让人耳目一新。

孙宏：对啊，播多少遍收视率还好呢。

欧阳国忠：那也是主流啊，但这个片子有创新的部分就是一种精神，所以功力很重要。

孙宏：所以说需要学习，提高水平。

欧阳国忠： 您是如何保证团队执行力呢？

孙宏： 凝聚力好，团队执行力就强。

外面朋友跟我说，孙姐，怎么看你们那些人都虎虎有生气呢，都那么有精神头呢！我通过搞一些活动，调动大家参与，他有价值实现的过程，他就有成就感。这样的团队执行力就强。

欧阳国忠： 对。实际就是给了员工们一个展示的一个平台。所以我们的活动频台办得越来越红火，这是值得大家好好学习的。

案例 关于辽宁广播电视台都市频道举办"青山绿水我的家，百万民众游辽河"系列活动的报告

辽宁广播电视台都市频道拟于2012年9月中下旬至10月中下旬举办"青山绿水我的家，百万民众畅游辽河"系列活动，以沈阳为中心，在全省10市发起畅游母亲河——辽河的大型群众体验式活动，全方位报道辽河改造的重大阶段性成就，浓墨重彩地描绘新辽河的崭新篇章，向即将召开的党的十八大献礼。

一、背景

作为中国七大江河之一，辽河一直被称为辽宁的"母亲河"。历史上由于辽河沿岸城市高度密集，人口众多，开发强度大，辽河一直承受着巨大的环境压力，水质接近劣五类。国家更是将辽河列为全国污染最严重的三河三湖之一，对此，辽宁省委、省政府代表全省人民给出明确回答：举全省之力，集中整治辽河流域，3年内实现辽河流域干流全部消灭超五类水体，5年内实现辽河流域干流城市段景观化。在陈政高省长的指挥下，成立了辽河保护管理局，与辽河沿岸各级政府，一起克服了一系列的难题，提前取得治理辽河的成果，让辽河重现了生机。目前辽河水位回升，水质达到四类以上，部分河段达到三类水质。数百公里沿河滩地已经成为新的生态草原，旧日辽河滩地严重沙化的情况已经改变。

二、活动目的

《青山绿水我的家，百万民众畅游辽河》系列活动是对辽河改造重大阶段性成就的一次全方位报道。活动将动员全省辽河流域数百万群众亲身体会辽河的巨大变化，带给群众的亲身利益，提升辽宁人的家乡荣誉感、自豪感。本次畅游母亲河活动，将在全省10市同时展开，沈阳、鞍山、抚顺、本溪、营口、辽阳、铁岭、阜新、朝阳、盘锦，数百万市民就近畅游母亲河辽河及其支流浑河、太子河。从沈北新区七星山万亩湿地、石佛寺水库千亩荷花到辽河干流铁岭县蔡牛段、开原五棵树生态蓄水工程等辽河改造的重大成就。活动将掀起辽宁人迎全运、爱家乡、走辽河的高潮。辽河治理保护取得成效，充满生机活力的辽宁正昂首前行。

三、活动内容

《青山绿水我的家，百万民众畅游辽河》内容主要包括：启动仪式大型直播，辽河沿岸各地畅游辽河系列活动。时间为每周末一次，共四次，时间覆盖整个十八大期间。

1.《青山绿水我的家，百万民众畅游辽河》启动仪式大型现场直播。

(1) 启动仪式内容

《青山绿水我的家，百万民众畅游辽河》将在金秋九月在沈阳启动，邀请数万沈阳市民畅游母亲河。

启动仪式邀请省委省政府领导，宣布启动畅游辽河。

启动仪式当天，都市频道将组织20台沈阳最新型敞篷观光大客车，邀请市民1000人，组成庞大车队共同体验辽河。.

组织频道全体主持人，变身为辽河向导，带领市民，解说辽河。

启动当天游览线路。1000名首批畅游母亲河的热心观众将前往沈北新区石佛寺辽河湿地游览，广大市民将亲身体验新辽河，感受全国最大的城市内湿地。

配合保障：辽河保护管理局、沈北新区政府。

(2) 报道安排

A. 辽宁广播电视台多路记者，以"迎全运、爱家乡，走辽河"为主题大型报道组也将同时出发，深度报道辽河治理前后改造成果。

B. 通过遍布全省通联平台网络，辽宁台做龙头，各地市媒体联合报道。

C. 运用全国都市频道协作体，邀请各省市30余家地面民生频道记者同步报道，在全国范围内共同宣传辽河改造辉煌成就。

(3) 征文活动

同时畅游母亲河"一封家书"征文活动也将在广大辽宁人民中启动，征集辽河流域百姓对身边生活环境变化的感受，辽河改造是一项重大的民生工程，新辽河是辽河两岸人民对富庶文明幸福新辽宁的切身体会。通过家书的形式反映辽河流域百姓的新生活、新风貌。

参与市民还可以参与畅游辽河摄影大赛，并于十月末举行摄影作品颁奖典礼。

2.《青山绿水我的家，百万民众畅游辽河》活动流程启动后报道流程。

(1) 报道共4期。

第一期，铁岭、抚顺、沈阳新民辽河、浑河段。

第二期，锦州、阜新、朝阳，辽河上游支流段。

第三期，鞍山、本溪、辽阳，辽河干支流段。

第四期. 盘锦、营口、辽河入海口段。

《青山绿水我的家，百万民众畅游辽河》大型活动从金秋九月启动，此后每周末组织各地市民游览辽河及其支流浑河、太子河，整个活动贯穿党的十八大期间，是辽宁科学发展铸就辉煌成就的最好体现。

(2) 报道安排

畅游母亲河系列活动，将全程启用卫星同步直播，同时，都市频道的各档新闻栏目也将通过新闻采访、现场直播和SNG卫星连线、3G直播等先进报道方式长时间跟踪和报道，全方位展示辽河治理和保护的优异成果。

(3) 报道内容

A. 辽河生态

畅游辽河期间，来自全省的广大观众队伍将分别前往铁岭、抚顺、朝阳、鞍山、营口、锦州、本溪、盘锦等辽河流域城市。数以千计的当地市民走出家门，走向离家最近的母亲河，感受真正惠及千家万户的辽河新生态环境，享受省委、省政府为辽沈百姓建成的辽河生态带、旅游带和城镇带。

B. 辽河城市

畅游辽河同时也是对辽河流域10城市的一次检阅，辽河流域城市群是东北地区对外开放重要平台。以沈阳建设国家中心城市为核心，沈抚同城为重点的沈阳经济区同城化一体化，建设国家新型工业化示范区的城市群是新辽河流域的城市新形象。

C. 辽河文化

辽河沿岸的深厚历史文化也是畅游母亲河的重要看点，朝阳是东北乃至中国最悠久的文明之一，红山文化的诞生地。

辽河中游的沈阳、抚顺诞生的前清文化，作为东北重要历史发展时期也诞生于辽河两岸。

辽河中下游诞生的辽宁工业文化，当地雷锋郭明义为代表的当代辽宁文明也代表着辽宁精神的内涵。

除深厚的辽河文化以外，辽河两岸丰富群众文化活动也是辽宁文化大发展大繁荣的体现。

(4) 配合保障

辽河保护管理局各分局，各地市政府。

四、结束语

致力民生，是都市频道的信仰；改善民生，是大辽河治理工程的宗旨。用民生媒体去组织民生活动，去赞美民生工程，一定是事半功倍的双赢。成绩需要巩固，治理辽河的成果需要保护，更需要全社会的共同关注和支持。在十八大召开前夕，这样一个全民参与、声势浩大、意义非凡的"辽河之旅"必将成为展示成就、凝聚民心、和谐大局的里程碑，也将成为献给十八大的一份厚礼。

辽宁广播电视台都市频道

2012.09.05

全攻略

第六章

如何策划会议论坛活动

这一年，谁为中国赢得了尊重？

"顺风车"、"奔驰哥"是策划还是品牌中国最坚实的垫脚石？

谁把网坛一姐李娜拒在了品牌中国的门外？

伴随着"品牌中国女性高峰论坛"、"中国品牌节"、"品牌中国年度人物"、"品牌中国高峰论坛"、"品牌中国总评榜"、"品牌中国月度沙龙"等这一系列活动越来越受到中国品牌界的追捧，"品牌中国"和他的掌舵人王永得到了越来越多的认可。这一系列有关中国品牌的活动吸引来了中国品牌界400余位专家、千余家媒体和记者、数千家顶尖企业、各界精英人士，"品牌中国"整合各方资源，打造出了中国品牌界活动与传播的第一平台，成了中国品牌活动的一面旗帜。

本章主题

　　达沃斯论坛、博鳌亚洲论坛、《财富》全球论坛等国际一流的论坛活动，汇聚了全球政界、商界、媒体等各界高端人士，可谓万众瞩目，影响和指引着全球经济格局的动向，带动了一方经济的繁荣。如何才能办好会议论坛活动，如何才能让论坛活动形成品牌吸引更多的关注，如何才能让论坛发挥价值带动经济效益，王永和他的"品牌中国"带给我们许多实用的经验。

人物介绍

　　王永，品牌中国产业联盟秘书长，第九、十、十一届全国青联委员，湖南省青联副主席，2011达沃斯全球青年领袖。

对话王永：坚持与创新是论坛成功的保障

被访人：品牌中国产业联盟秘书长 王永

访问人：环球活动网董事长 欧阳国忠

坚持是扩大影响、修正问题的最好良药

　　欧阳国忠：从2005年开始，您一直在致力于品牌中国的发展，把品牌活动宣传得越来越响亮，使得众多中国企业得益于此，越来越重视品牌的力量。能有今天的成就，您一定有自己的感受。

王永：最大的感受是做任何事情都要坚持，坚持就是胜利。只要能坚持下来，就会做得越来越开心，越来越有价值。就如同在深山里头开辟一条路，刚开始这条土路充满了荆棘、坑坑洼洼，但是路肯定是越走越平坦，越走越宽敞。在当初我做品牌中国的时候，90%的朋友都是反对我的，举步维艰，但现在99%的人都在支持我，道路越走越宽敞，无论从参与的群体、层次，包括参与的政府部门以及我们的赞助收入，每一年都会跃上一个新的台阶。

坚持，可以理解为就是活动的持续性。大部分活动搞个两年三年的就悄无声息了，等到第五年再想重新搬上台面的时候，麻烦就如同重新来过，甚至会遭遇更多问题。就像烧水，你烧热到50度80度是容易的，如果不加把火继续烧一旦冷了再重新烧就得万事从头来了。一次性的论坛活动很难做出影响力，影响力就得靠一届又一届的积累与沉淀。而中国的活动尤其缺乏全面的规划，常常是打一枪换一炮，没有长久之计。就算是中央电视台的活动，除了春晚、3·15和年度人物之外，大部分活动都是不延续的。所以，从一开始就应规划好，多长时间举办一次，什么时间段举行，周期性能带给受众一种期待感。除了像奥运会这种需要很长筹备期的活动之外，一般的民间性质的活动最好是一年一次，不要超过两年。否则，活动的断档期会让受众淡忘，品牌就无法持续地引来关注。

坚持不仅是能把活动持续地办下去，更重要的是能坚定客户的信任，带来更多的合作意向。我们刚刚与中关村管委会签了合作协议，这一纸合同是我们用六年时间的坚持得来的。从第一届"中国品牌节"结识他们开始，每年都给他们发邮件、寄报纸，坚持了六年。还有很多其他的合作单位都是这样，我们每个月都要寄两万多份报纸，这些费用每年都要达到100万之多，这个钱看似打了水漂，其实不然，这是一种很好的品牌价值沉淀。寄第一年他们根本不看，寄两年还是懒得看，寄三年可能会看一下到底是一个什么东西，看起来不错，然后第四年我们就达成合作意向了。第一年收到这些报纸的时候可能很烦，从很烦到慢慢的被动接受，如果这个时候突然停止邮寄资料了，前面的付出就变成沉没成本了，失去了付出的意义。所以，坚持、持续，是将论坛活动做好、做强的必备因素。

创新就是论坛活动的生命力

第二点就是创新。我们坚持每年做论坛，但最开始都想就着领导、嘉宾们的时间，所以时间安排每年都不固定，这就造成随机性很强，工作安排很被动。后来，我们改变思路，将品牌中国的三大活动时间都固定下来，每年4月18日的品牌中国女性高峰论坛，每年8月8日的中国品牌节，每年12月18日的品牌中国年度人物颁奖。这样一改变，倒有了一个好处，由于年年办，领导和嘉宾们心里都有了一个预期，提前就将这几天时间预留下来了，不仅如此，大家都将这几个日子当成节日记下来了，对于我们举办活动，扩大品牌影响大有裨益。

活动办的好坏，定日子就是一门学问。其中"品牌中国女性高峰论坛"定在4月18日，此时刚刚开完两会，三八妇女节过后，正是"五一"假前夕，大家都有这个时间档能静下心来参加这样一大活动。8月8日对中国人来说，是一个很重要的日子，这一天是北京奥运会开幕的日子，这个日子是国家已经花了那么多金钱去打造并在全球推广的日子，我们将"中国品牌节"定在这一天，自然能增加关注度。正如我们艾丰主席提出"四个奥运"，借助奥运，宣传奥运，深化奥运，最后是延续奥运。借助奥运其实很简单，就是我们宣传它然后借助它。然后就是深化奥运，因为奥运会是一个体育品牌，一个体育赛事，更是一个品牌赛事，所以从体育到品牌就实现了深化奥运之目的，也与"品牌中国"关联起来了。最后，就是要延续奥运，再过10年、20年人们肯定会淡忘北京奥运会，但只要提及8月8日，总能唤起人们对奥运会精彩瞬间的回忆，这也正是我们"品牌中国"的宗旨。活动的时间一旦定下来，就具有特定的意义。比如，"三八妇女节"给妇女一个平等的理由，"六一儿童节"给儿童一个快乐的理由，我们希望8月8日品牌节给中国人一个培养自豪感、让中国人因品牌而受到尊敬的理由。

创新包括很多方面，内容上的、形式上的、活动思路、场地、合作模式等，只要不偏离主题，创新就是论坛活动的生命力，没有创新，活动将如一坛死水，掀不起浪花，引不来凤凰。

创新的突破点很多，东盟博览会就是一个很好的例子。每年的东盟博览会一个很大的亮点就是开幕式都会用到水，但每年的表现形式都不同，大水柱、小水流、水上泛舟，每次都用一个新的形式呈现同一个主题，形成一个新的亮点。

欧阳国忠：它成为一种仪式了。

王永：这样的一种仪式感很重要，能给参与者带来期待，留下深刻印象。奥运会就是这样，观众对开幕式的点火形成了一种期待，点火这种仪式就需要不断创新，而这个创新必须紧扣活动宗旨、紧贴社会的热点话题。品牌中国自成立6年以来，大大小小组织过几百场活动，总体来讲，要把论坛、活动搞好，就是8个字：运筹帷幄、震撼心灵。所谓运筹帷幄就是从活动的策划和组织者来讲，一定要有宏观的把控，每一细节都在你的预案之中；那么震撼心灵就是强调参与者的体验感，让每一个与会人员都感觉到融入到了会议之中，事后还能进津津乐道并乐意与别人分享。如中国企业家论坛在亚布力召开，以滑雪为主，让所有人都来参与，于是大家印象深刻、有记忆、有期待，成了论坛的亮点。但是，亮点不宜太多，太多了就会分散媒体的关注点，减弱了传播的效果，品牌效应自然减弱。

欧阳国忠：刚才您提及到，活动的地点也是非常关键的一个因素，举办地点的选择会给活动带来什么样的影响？

王永：我们的"中国品牌节"第一届在国家会议中心，第二届在国家体育馆，第三届在青岛市，第四届和第五届都在人民大会堂。地点的选择非常重要，它从侧面体现着活动的价值。博鳌亚洲论坛、亚布力论坛、达沃斯论坛等著名的论坛都是以地点来拉动的。当然，也有很多活动它的地点是不确定的，那么基于品牌中国本身的特点而言的话，我们的活动最好是能够走出去。我们在青岛的活动就是最大的证明。

欧阳国忠：对。

王永：青岛结束之后准备去深圳，但是因为深圳出了点事，最后只能回到北京举办。所以活动的举办总会有许多的意外，很多不可控因素的发生，做足预案，以不变应万变，才能确保活动的顺利举办。

欧阳国忠：一个活动一定是要便于去转述，或者说，能用一句话将活动的主题提炼出来，这样，品牌才能被记忆、被转载、被传播。品牌中国的口号是"品牌，让中国更受尊重！"，这个口号就提得非常响。您觉得这种口号对于一个活动有什么样的影响？活动的口号都有哪些提炼要求？

王永：口号是对一个活动的高度概括，是打动、吸引与会者的武器，也可以说是活动要体现的主题方向。所以，活动的口号首先得口语化，要确切、简单。比如我们的女性论坛，我们的目的就是要打造品牌女性和女性品牌的交流平台。但它有两层意义：一个是女性品牌，一个是品牌女性。所以每年的口号都会围绕着"品牌女性"、"女性品牌"为主题。对于品牌中国来说，我们的界定就是中国品牌界的奥运会，这就是我们的初衷和目标。对于年度人物呢，我们就是寻找年度品牌英雄作为主题。品牌节的主题和女性论坛的主题每年都会有一定的调整，去年品牌节的主题是"回归与跨越"，因为改革开放三十年以来的我们需要回归和跨越；而当下社会发展的大趋势，我们结合热点总结为"诚信与创新"，因此这就成了我们今年品牌节的主题。年度人物的主题是则不一样，只是改一下年份："2010年谁为中国赢得尊敬"、"2011年谁为中国赢得尊敬"。这就是对品牌的提炼，明确而简洁。

欧阳国忠：对一个活动的整体包装，有外在的，有内在的，这是一个体系。如口号的提炼、主题歌的创作、VI设计等，"品牌中国"在这个方面做得非常有冲击力、震撼力，其他活动很少有形成一个包装体系的。

王永：这个活动的视觉设计也是一种交叉媒体。来参加活动的人花费的时间最少三天。看起来三天很短，但其实借助任何一个媒体，一年下来也未必有三整天的时间让受众盯在一种媒体资讯上面。短短三天时间里，你只接触这个媒体，而且是全方位的，你在任何一个地方第一眼看到的是论坛的VI设计，听到的是论坛的主题诠释，接触的是论坛的与会人员，大家目的相近，沟通畅通，你被置于一个场景之中，会被固化。反反复复听到的是同一种声音，看到的是同一感受，一次没感觉、两次没印象，无数次就会产生深厚记忆和思考。从你的请柬、名片、胸牌、桌卡各个方面都在强化一个主题，价值就慢慢凸显出来了。其实这个交叉媒体从嘉宾还没来参会就开始了，邀约请柬会刊、会前广告、会后推广；会场布置、会务接待、会议礼品等。这样一个全方位呈包围轰炸式的媒体自然能汇聚能量，传递给与会人员。

欧阳国忠：传播无处不在，您是如何利用全媒体来推广我们"品牌中国"的？

王永：要想把一个活动的品牌打造出来，首先活动的领军人物本身的个人品牌也非常重要。不论是达沃斯论坛的创始人克劳斯·施瓦布教授、国际奥委会的前主席萨马兰奇先生还是博鳌亚洲论坛第三任秘书长龙永图等，这些人的品牌都是一面旗帜，对活动的带动作用可想而知，他们本人的品牌就是对活动品牌的推广，很多人是首先信任活动的领头人再来接受活动本身的。我现在经常在《人民日报》、《环球时报》、《读者》写一些文章，在电视台出席一些节目，以提高个人知名度，借此来推广"品牌中国"。由于推广"顺风车"多年，形成了一定的规模和影响，很多人都因为"顺风车"而认可我，然后再接受"品牌中国"。

其次，我们抓住一切机会在各个平台上面发出自己的声音，制造影响力。比如在论坛、会议、沙龙、座谈会上发表自己的观点，发表符合自己背景的观点，通过博客、微博、节目采访等媒体进行多方位的宣传。不仅如此，还要与自己的资源(媒体)保持紧密联系，相互配合、借力发展。

资源整合，让每个人都有收获

王永：品牌价值的塑造也是很重要的。每个人的时间都很宝贵，我们要靠什么来吸引他们参加了第一次还愿意再来参加第二次呢？当然是回报，是价值的获得：输出或输入。活动创建了一个平台，让每一个与会者能享受到输出与输入的感觉，那这个平台的价值就体现出来了，论坛活动的价值就会受到追捧。在活动这个交叉媒体上，汇集了许多的资源，举办方一定要与参会人共享，专家来了这儿有他需要的客户，媒体来了这儿有他要的品牌与企业资讯，企业来了这儿有他需要的专家、媒体、客户，当大家都能从活动中获得收益的时候，我们的论坛就成功了。

欧阳国忠：实际上是价值交换。

王永：对，就是价值交换。首先要弄清自己真正需要什么样的东西，第二步就是找到拥有这些东西并且过剩的人，最后就是过剩资源的交换。我们需要的资源包括媒体、场地、企业家、专家等，当我们努力让自己的资源丰盈起来之后，这些对自己来说过剩的资源对别人就变得稀缺了。于是我们就为那些需要资源而找不到资源的人架构了一个交流与交换的平台，这个平台实现了资源的整合，发挥了资源价值的倍增效应。

欧阳国忠：您很会进行资源整合，让大家共同受益。有一年的接待用了很多的吉利车，每个嘉宾一辆，这个实际上也是把对方的需求和你们的资源结合起来了。

王永：对，吉利要推广，嘉宾要坐车，我们要用车，三者相结合，互惠互利。2005年我们第一次做活动的时候就跟奔驰合作过，但我们现在只能用国产车，因为我们是"品牌中国"。只要将各方的需求点，很好地吻合在一起，就实现了资源的整合。

欧阳国忠：活动实际上就是一个平台，这个平台要给大家创造价值。您一直认为达沃斯给与会者创造了很多大家交流的机会，对比国内外的活动，是不是国际上一些活动能给大家创造更多的价值，或者是更多的交流空间，它的平台效益会更好？

王永： 以2011年夏季达沃斯为例，它的主会其实就是半天，甚至说只是两个小时，就是嘉宾先演讲，讲完施瓦布主持一下，然后就散了，最后闭幕的时候还有两个小时，原本四天的活动，事实总计就是半天，其他的全部都是各式各样的小会，每场会你可以随便走动、交流。你可以根据你自己的需求来找，另外就是它那个地方会场全在周边，中间一大半的地方全部都是咖啡屋，非常方便嘉宾们进行畅所欲言的沟通、交流。它非常重视人的参与感，而且注重活动形式的多样性、活泼性、互动性。当时有十多个媒体采访我，我觉得很有价值。

欧阳国忠： 它是一个传播场。

王永： 传播场。第一，能够满足虚荣心。第二，我听到总理的演讲。第三，我见到很多想见的人。第四，我也听了关注的内容，最重要的是与很多朋友进行了交流。第五，我也传播了自己的价值，通过媒体的采访，提升个人品牌的知名度。这就是价值的塑造。

欧阳国忠： 这种高端性的关系去维护是要花很多精力的，您是怎么把这个庞大的群体维持好的？

王永： 这个其实就是你是否用心的问题。比如说我的手机里存了6300多人的联系方式，我把它们分组为老乡、员工、领导、贵宾、嘉宾主持人等，我经常会更新，发送问候信件、相关最新信息，寄送本公司的报纸等，所以说还是用心的问题。另外，我们还需要花很多时间跟他们进行沟通，

欧阳国忠： 活动的两个最大的功能，一个是快速塑造品牌，一个是快速进行资源整合。但很多的活动并没有把这两个功能运用好，主要原因就在于传播不畅，没有制造出一个促进传播的话题。

王永：活动的传播一定要塑造沟通的话题，让媒体产生兴趣。2010年我们的"品牌年度人物"与北京交通广播有了一次很漂亮的合作。因为我们把拟邀请的名单给他们看了，他们一看说这个名单太牛了，愿意来做现场直播。

欧阳国忠：说到活动是一个整合资源的和传播的平台，资源整合多了没有用，关键是运用好。资源过期作废，运用好了就能发挥出更大的能量场。在活动里面怎么样把活动进行产品化沉淀是很难得到解决的问题，我们到底是为活动而活动，还是应该进行活动的产品化，做一些能沉淀下来的东西？

王永：产品化对活动的品牌积累与推广是有非常大的推动作用的，这也正是我们现在需要加强的地方。产品化有不同的方式，一种是出版，包括出版图书、音像资料等，一种是指产品本身的吉祥物、纪念品等。这些产品能加深嘉宾的记忆，让影响力得到延伸，有助于下一场活动的组织。

王永：对，你说到这个活动的延续，其实还有一个很好的办法，这也是我们应该学习达沃斯论坛的一个办法，就是把它社区化。

社区化让论坛发展更迅速

欧阳国忠：社区化？

王永：所谓的社区化就是一个虚拟社区的意思，通俗点就是一个群体，这个群体不时地举行一些活动，比如说我们的"品牌女性"俱乐部，每年都会搞几次聚会，是品牌女性之间的交流。这些社区化活动都是为了主论坛活动的顺利举行，平时做到位了，活动的效果就会事半功倍。达沃斯论坛的方法就是除了达沃斯论坛之外，几乎每天在全球各地都有达沃斯论坛社区化活动的举行。

欧阳国忠：我看品牌中国也在建立经理人俱乐部、大学生品牌等活动。

王永：对，我们也在学习他们的经验，也是把它社区化，包括我们的大学生论坛这个演讲就是叫高校巡讲，我们现在是启动了两个，一个是首都高校巡讲，六十所高校。然后我们会在西部、西南地区巡讲，那么我们肯定也会有四五十所高校。在这个过程中，我们既满足了企业家宣传的需求又给大学生提供了一个很好的学习机会。我们演讲的内容是有要求的，第一是励志的，第二是积极向上的，第三你对学生的创业志愿都有帮助等。这些社区化的巡讲都能够为品牌中国提供更好的服务。

欧阳国忠：所以说品牌中国，对于中国来说仍然是一个非常沉重的话题，也是一个非常艰巨的任务。要实现"品牌，让中国更受尊敬"这样一个远大的目标，还有一段非常长的路需要行走，还需更多志同道合的人参与进来，来共同推动这个事业。这也正是我们在全国各地设立工作分站的目的，现在品牌中国在各地有多少个工作分站了？

王永：23个。

欧阳国忠：23个，遍布在全国每一个省，对吧。

王永：基本上是每个省有了，因为这些工作站都是建立在品牌发达的省市。

欧阳国忠：然后品牌中国又进驻到高校去，高校也是我们看好了未来对吧？

王永：对。

欧阳国忠：这些精英一定是祖国的未来，这也是"品牌中国"在有意识地培养后继人才。

王永：张吕清先生还去幼儿园讲，我下周去101中学，四中、人大附中、北大附中这些我都去讲，去年我就到很多中学做讲演。他们有一个中学生论坛大讲堂，请了很多嘉宾去讲，讲完以后孩子们不爱听，最后找了我去讲，结果反响还很好。很多人去学校做演讲都是要收费的，但是我免费给学生讲演，所以只要有活动他们就来请我去参加。这种演讲也是我们一种传播的渠道，只不过这种渠道的价值发挥是需要用心、花时间的。

把我们的需求变成客户的需求

欧阳国忠：这种传播有点润物细无声的感觉，不仅需要用心、花时间，还需要懂得巧用力。现在在许多高校的社团里，都能看到"品牌中国"的名片，证明大学生们对"品牌中国"的认可，也可以看出，他们认为"品牌中国"这一张名片，是能为他们带来更多的社会认可的。对"品牌中国"来说，开拓这一片市场应该是非常艰难的。

王永：挺难，我们做了六年才做到今天这个样子，其实从成立的第一天我们就想做这件事情，但是真的很难，学校真的是很难。第一年刚开始做推广的时候，学校有社团成立了，我们就是想去讲演都很费劲，他说你是谁啊？根本就不欢迎我们。但做到今天，现在都是排着队等我去演讲。其中的原因既有"品牌中国"发展成长带来的品牌效应，此外，就是因为我又是达沃斯青年领袖、全国青联委员、湖南省青联副主席，这些身份帮了很多忙。所以，现在的我们发展得更快。

欧阳国忠：这实际上是你给中国做了一个品牌的启蒙教育，应该是功德无量。

王永：如果我们这个俱乐部有两千多高校的话，而且这个品牌俱乐部每年都招新，每年都坚持这么往下做下去的话，这个事情真的想想都很激动的。

欧阳国忠：刚才我们讲到这个就是一个区域的推广，还有就是行业的推广。各个行业，包括论坛的活动，基本上都是采取合作授权这样一种比较通行的合作方式吧？

王永：对。国际奥委会的活动有三个体系，第一个是奥运会体系，第二个是锦标赛体系，第三个是地区运动会体系。分析一下，所谓的锦标赛就是我们讲的行业论坛，所有的地区运动会就是我们讲的区域论坛；所谓奥运会就是我们的三大活动。所以我们现在"品牌中国"的活动是对奥运会的体系做了很深入的研究，国际奥委会的这个运作确实值得我们好好学习，所以我建议所有读《大活动 大营销》这本书的读者，也能够去读一读《奥运大逆转》，真的很有价值。

欧阳国忠：这种逆转就是把去邀约别人、请别人来变成让别人主动来参加。

王永：简而言之就是把我们的需求变成客户的需求。就我现在想卖本书给你，这是我的需求，如果变成了你非得买我这本书不可，那就变成你的需求了。也是价值的问题，这个价值包括物质价值，包括金钱价值，包括资源整合的价值，各种价值资源。就像我们去青岛，政府为什么花几百万给我们办一场活动，那还不是因为我们带去了企业家资源。

欧阳国忠：您创办"品牌中国"这个机构的时候，就把志向立在要将其打造成中国的达沃斯，立志要向奥运会学习其运作经验，这是站在一个非常高的高度来去运筹这个事业的。达沃斯论坛和奥运会给了"品牌中国"最大的营养是什么，从他们的操作上、包括精神上。

王永：达沃斯论坛和国际奥委会，他们的主要观念人物施瓦布教授和萨马兰奇先生都是花了差不多30年的时间才能达到今天的高度，所以我觉得品牌中国我们没有成功，或者目前还不是很成功的主要原因就是我们只有六年的时间，当我们达到30年的时候，我们也能做到他们那样，这是第一点。第二点就是国际奥委会它其实是一个典型的三无组织，我们讲的三无是什么概念，它没有场馆，没有运动员，也没有媒体，但是它通过很好的理念，通过"五个圈、六个字"：更快、更高、更强，通过一种很好的竞争模式，把资源团聚在了一起，它的这种运作模式与品牌效应需要我们用很长的时间才能达到。举一个成功的案例，比如说VISA，它以前是超不过万事达的，VISA在美国根本就赚不了钱，但迈克尔·佩恩先找到万事达要求赞助，万事达想我们都老大了为什么赞助你，他最后找到VISA，说你想超越万事达吗？想，那好你跟我来吧，就给他钱了。所以他成功地把VISA塑造出来了：来参加奥运会，带上你的VISA。奥运会创造了一种比较好的竞争模式，国家和国家之间竞争，运动员和运动员之间的竞争，媒体和媒体的竞争。我们的"年度人物"也想这么做，第一届是于丹和易中天，两个人都想上，最后两人都上了。而今年，我们年度人物候选人有五粮液董事长唐桥和茅台董事长袁仁国，本来他们都觉得我凭什么参加你的活动，一听说对手来了，他们就很在乎谁高谁低的问题了。所以，我们要创造竞争，且创造了竞争，并且以各种方式来塑造他们参加这个活动的价值，他们就会认可并非常乐意参与其中了。当然，这个竞争必须是真实存在的，我们不能捏造事实。还有一点，就是年度人物的颁奖必须本人来，人不来你再牛也不能得到的这个荣誉。去年李娜参加了我们的年度人物评选，她说录一段视频可不可以，因为她在国外比赛，说实话我们本来很想给她这个奖，因为她确实挺有名的，但是后来想一想别破坏了规矩，最终还是没给她。这种对原则的坚持也是为了更好地塑造活动的品牌价值。

欧阳国忠：对。

王永：所以我觉得这个就是坚持，坚持可能会很难，肯定要付出很多代价。但是你只要坚持下去了，你就会收到意想不到的回报。如果你现在就拿原则做交易，最后你就失去了整个平台。如果你现在坚守你的原则你失去的可能是一小部分的利益，但是你获得的是很大的天地。

欧阳国忠：也就是说，首先就要创造平台、创造价值、创造竞争。

王永：对。

欧阳国忠：一流的企业做标准，二流的企业做品牌，三流的企业做产品，世界上最牛的活动都是做标准的。奥组委办奥运会，其实它就是一个三无的机构，但是它能够使得全世界人民都来期待它，实际上最可敬那个东西就是它创造的价值。

王永：是，比如说我们现在的人，邀请你去达沃斯，你肯定会参加，因为你会觉得那是一种荣耀。

欧阳国忠：对。

王永：我是运动员我参加了奥运会，我是企业我赞助了奥运会，我是媒体我参与了奥运的专题报道，对大家都是一种至高无上的荣耀。我们也要沿着这条路，创造出"品牌中国"的价值来，如果我们以后创造一个价值是说，你是品牌企业家，那你去过品牌节吗？没去过那你就不是真的品牌企业家。

欧阳国忠： 实际上这是一个品牌的效应。

王永： 我们现在的品牌专家就有一点这样的感觉了，企业一看这个品牌专家不是品牌中国的专家，说明他称不上品牌专家，至少他不是主流的。我们以前去邀请专家们，要多费劲有多费劲，但现在情况完全不一样了，我们每天收到的申请很多，我们都排队一个月审批一次，能审批通过的专家都高兴得不了，这都是因为建立了标准、建立了品牌。我们有一个专家服务部，我就专门负责服务专家，学校部就专门负责高校品牌俱乐部，我还有一个理事会，理事会的秘书处，我还有经理人协会的秘书处，这些人都是非销售部门，在我们公司它叫行政部门，他的任务就是把你服务好就算完成任务。但实际上他们发现这些服务部门服务得好，业务量也能来得很多。

欧阳国忠： 对，所以说这是活动机构内部的一个管理。最近在各大媒体里面，和你有关的两个名词"顺风车"、"奔驰哥"频频出现，谈谈你的感受。

王永： 这个其实就是我们刚才谈论过的第二个问题，就是怎么样打造个人品牌的问题，个人品牌讲到了一个方面就是说结合自己的专业打造打牌，当然还有一种就是和自己的专业无关，跳出自己的专业来打造自己的品牌，但是这个事情不能策划。

欧阳国忠： 要从心里面做起。

王永： 真的不能策划，我个人认为，就是包括顺风车现在这么火我绝对不是策划的，如果要是策划的话，那我水平就太高了，13年前我就想着策划这件事是基本不可能的，而且这种事情确实源于内心深处的一种责任感，或者是一种习惯，不能说得那么高尚。它就是一种习惯，一种分享的习惯，跟性格有关系。所不同的是我坚持下来，别人没有坚持，这就是跟别人的区别，所以现在越来越多的人关注这件事情，越来越多的人包括很多地方领导甚至因为这件事情增加了对我的好感，把项目给我做，当然也有这种情况。还有很多人听到品牌中国可能有一些人不了解，但是听到顺风车他说看过你们的节目，这样与人的距离感很快就拉近了。"顺风车"确实也对我有帮助，但是这个帮助的背后有是付出了很大代价的。

欧阳国忠：归结起来，一是要真心付出，再就是要坚持。

王永：就是分享和坚持。

欧阳国忠：一个事情要想做起来很难，需要特别艰巨的付出，但往往因为艰难，做起来才更有意义，更有价值。

王永："任务越艰巨，使命越光荣"，这是我们联盟的执行主席刘东华讲的一句话，我觉得这句话对我来讲影响很大，如果你做一件事情没有受到非议，没有人质疑你，没有人批判你，那你做得有什么劲，正因为它有非议、有批判、有挑战，你才有成就感。也就是说力的作用是相互的，只有阻力越大你做这个事情的力量才越大。否则的话，大家都说你好，那就说明这个事情不缺人去做。

中国品牌的群体崛起

欧阳国忠：最后一个问题，描绘一下品牌中国的未来。

王永：品牌中国的使命是要推动中国自主品牌的群体崛起，为中国赢得更多的尊敬，这就是我们的想法。我们有三个目标，这是我在第一届品牌节晚会上讲的，到现在这个三个目标没有改变。第一个目标是每年的8月8号，全中国所有的人都想得起来今天是品牌节，然后每年都会反思，我们公司的品牌怎么样，我们地区的品牌怎么样，我的个人品牌怎么样。这就意味着中国品牌节成功了。第二个目标就是中国品牌经理人真正地成为一个主流的职业，受到社会的尊重。现在的首席品牌官(CBO)有了一定的发展，但还是远远不够的，他们分布在办公室、市场部，真正成立品牌部的企业很少。我一直希望能够把CBO做成像首席财务官(CFO)、首席执行长官(CEO)这样一个职务，让品牌经理人受到尊敬。第三个目标就是品牌中国这个标，"中国脸"这个标，取代未来的、取代以前的中国制造。以前中国制造是低价，甚至在某种程度上是劣质产品的代名词，但是如果说以后看到品牌中国这个标志，就知道这是来自中国的品牌产品，是放心产品。这样，这三个目的达到了我们的品牌中国就算完成了使命。

案例 **第五届中国品牌节策划方案**

一、序言

诚信为本，创新为魂。诚信是自主品牌可持续发展的根本，创新是自主品牌不断升级的灵魂。作为第四届中国品牌节主题"回归与跨越"的延续与深化，第五届中国品牌节以"诚信与创新"为主题，从"重构诚信、深化创新"两个关键点着手，继续深化品牌革命，着力探寻自主品牌发展路径，提升自主品牌竞争实力，推动自主品牌群体崛起，为中国赢得更多尊敬。

2011年，中国自主品牌接连遭遇诚信危机，企业社会责任丧失和道德观念滑坡，成为中国自主品牌难以做大做强做久的重要原因。当消费者、社会和整个国家普遍看好的品牌暴露出种种问题，中国自主品牌的发展和壮大难免让人心忧。

另一个不容忽视的问题则是创新意识的退步，山寨现象、因循守旧、重资本轻实业以及浮躁的、急功近利的心态让自主创新的精神逐渐萎缩，让中国只能停留在制造大国的阶段，而难以完成向中国创造的跨越。

在"十二五"规划的开局之年，在中国社会和经济面临全面转型的重要时期，进一步呼吁诚信和创新，是致力于社会道德价值的构建，是着力中国制造的升级，是提升中国国家形象和民族复兴的重要前提。因此，第五届中国品牌节将高举"诚信"和"创新"两面大旗，通过旗帜的力量号召越来越多的自主品牌加入到倡导诚信和推动创新的大军中，汇聚中国力量，彰显品牌责任。

二、背景分析

1. 国家动态

2011年是国家"十二五"规划的开局之年。"发展拥有国际知名品牌和核心竞争力的大中型企业"、"加快培育以技术、品牌、质量、服务为核心竞争力的新优势"是"十二五"规划的一个重要目标。

2010年4月商务部提出到2030年初步实现贸易强国的目标，并首次以中国国家名义面向全球宣传"中国制造"；2011年1月，中国国家形象宣传片在美国播出。这表明中国政府已经开始有意识地推动中国品牌国际化。

2. 品牌现状

各地纷纷举办品牌节，推动品牌发展。目前，全国多个省市都先后推出区域特色的"品牌节",比如黑龙江品牌节、山西品牌节、河北品牌节、浙商品牌节等,品牌意识逐步深入人心。

中国企业家品牌意识苏醒,但是,品牌实施能力有待提升。

急功近利、盲目求快、缺乏创新,制约品牌发展,成为不少企业迅速崛起又迅速消亡的重要原因。

中国企业品牌诚信危机事件层出不穷,严重影响中国自主品牌发展。

3. 国际形势

由于缺乏创新,中国自主品牌与世界知名品牌还存在不少差距,依然没有摆脱"廉价"、"低端"甚至假冒伪劣的困扰。中国品牌道路任重道远。

打击、收购、雪藏,成为外资企业制约中国民族品牌崛起的常用手段,并导致中国多个行业品牌形成空白,几乎被国外品牌占据。

缺乏诚信和创新的中国品牌,导致国外消费者对中国制造不信任,并对中国国家形象产生偏见。

三、活动概况

1. 活动目的

推动国家形象提升。致力于把企业品牌的打造与国家品牌形象的提升密切结合。带动自主品牌的打造与国家品牌的提升相互影响、相互推动。

助推区域品牌崛起。针对地方经济发展特征,推动地方品牌发展,帮助地方实现社会和经济转型,打造知名品牌省(市)。

倡导诚信推进创新。倡导企业家诚信道德价值的塑造,推进中国自主品牌的创新历程。用诚信和创新树立中国品牌新形象。

领航中国品牌发展。宣传优秀品牌、提携发展中的品牌,推动潜力品牌，成为中国品牌走向世界的代言者和领航者。

2. 活动主题

(1) 主题：诚信与创新

(2) 阐述：

诚信：诚信是品牌发展的基石。目前，中国自主品牌所存在的问题很大程度上都源于诚信的缺失。诚信，已经成为制约企业品牌可持续发展的软肋。实现中国社会和经济的转型和推动自主品牌长盛不衰，首先要从树立诚信的价值观开始。

创新：创新是品牌强大的途径。中国自主品牌之所以不敌国外大品牌，重要的原因就是创新能力的缺乏和创新意识的萎缩。中国社会的跨越式发展，需要从回归的心态开始和创新意识植入。

3. 活动特色

(1) 新高度：密切结合国家品牌战略。

将民族品牌的发展与国家品牌战略密切结合，将民族品牌的发展上升到国家战略的高度，通过凝聚品牌力量，推动国家复兴。

(2) 新形象：展现民族品牌全新形象。

从倡导诚信、推动创新、提升自信等三个方面加强中国自主品牌内在修养，展现和提升中国自主品牌的形象，为民族品牌跨越式发展奠定基础。

(3) 新平台：彰显中小企业品牌价值。

突出中小企业的品牌价值，特设品牌中国大奖，涵盖多个范围，激励和表彰中小企业在自主品牌发展中作出的贡献，凝聚中国企业品牌的力量。

(4) 新体验：突出互动体验和交流。

通过举办多种活动为企业家合作交流拓展空间。在本届品牌节上还创新性地推出中国品牌体验馆，进一步突出互动性和体验感。

(5) 新使命：展现中国品牌节的旗帜作用。

打造品牌界的"奥运会"，颁发品牌界的"奥斯卡"，成为品牌界的"黄埔军校"，推动中国自主品牌群体崛起。

4. 组织机构

(1) 时间：2011年8月8日—2011年8月10日

(2) 地点：北京

(3) 规模及受众

来自全国各地的政府领导、中国企业家、中国品牌经理人、品牌专家、商会代表、媒体等，其数量将超过10000人。

(4) 主题：诚信与创新

(5) 组织机构

主办单位：品牌中国产业联盟

承办单位：品牌联盟(北京)咨询有限公司

媒体主办：《人民日报》、中央人民广播电台《经济之声》、新浪网、《中国企业家》《中国经营报》、《经济观察报》、航美传媒、分众传媒、兆讯传媒

★ 唯一指定网络平台：新浪网/新浪财经(独家微博)

★ 唯一指定视频媒体：优酷网

★ 唯一指定旅行媒体：兆讯传媒

★ 唯一指定广播平台：中央人民广播电台《经济之声》

★ 唯一指定新闻发布平台：美通社

学术支持：北京大学国家发展研究院、品牌中国发展研究中心、

零点研究咨询集团北大纵横管理咨询集团、品牌中国专家委员会。

四、活动内容

1. 品牌论坛/会务

(1) 第五届中国品牌节开幕式

时间：2011年8月8日 上午

地点：北京

简述：将邀请国家领导人出席开幕式并宣布开幕，品牌领袖、企业代表及主流媒体近万人将共同见证第五届中国品牌节的盛大开幕。

(2) 第十二届品牌中国高峰论坛

时间：2011年8月8日—8月9日

主题：诚信与创新

地点：北京

简述：在十二五规划的开局之年，中共中央再一次强调要发展拥有国际知名品牌和核心竞争力的大中型企业，打造中华民族文化品牌。在新的历史时期，自主品牌要完成跨越式的发展，迫切需要在意识上和思想上完成一次回归，其中最重要的是自主创新能力的提升和诚信道德价值的塑造。

主题论坛：

A. 主旨论坛一：国家品牌战略与企业品牌构建

国家形象与企业品牌相互影响、相互作用。在十二五规划开局之年，通过培育和打造一批具有国际影响力的企业品牌，提升国家形象，推动国家品牌战略实施。同时，国家形象的提升也为自主品牌开拓国外市场，提升国际美誉度创造了条件。

B. 主旨论坛二：诚信与创新

诚信是社会和企业持续发展的基石，当前自主品牌所出现的问题归根到底源于诚信的缺失。在构筑诚信价值，提升社会责任的前提下，用创新思维推进自主品牌的转型和升级，成为做大做强自主品牌的关键。

C. 主旨论坛三：塑造品牌自信力

挂靠洋品牌，假扮洋鬼子、国外品牌对中国消费者态度傲慢等问题的出现，是企业和消费者对自主品牌缺乏信心、迷信洋品牌、民族虚荣心在对待品牌态度上的折射。从更深层次上而言，这是消费者、企业乃至整个民族自信力不足的体现。

D. 主旨论坛四：从品牌革命到品牌实施

当前，企业的品牌意识开始苏醒，但如何实现品牌落地，成为企业最关注的问题之一。只有将企业品牌实施落到实处，才能加快中国社会和经济的快速转型。

高峰对话

A. 高峰对话一：反思与探究——中外品牌差距之源

中外品牌的差距不在于技术研发，主要是心态和思维。盲目追求规模和速度，注重利润，只看到眼前利益，缺乏长久规划，成为中国企业家的一个通病，严重制约了中国企业品牌的可持续发展。

B. 高峰对话二：转型与突破——企业品牌发展之路

中国企业面临核心技术缺失、产业结构升级换代、企业文化、社会道德和诚信滑坡等问题。企业需要从多个方面着手，完成企业转型和品牌塑造上的新突破。

C. 高峰对话三：大品牌？非品牌？——海尔联想们的品牌模式

海尔和联想是国人引以为豪的两大民族品牌，但是在国外某些人看来，这两个其实并不算是世界品牌。他们是在故意诋毁还是事出有因？如果海尔和联想都不算大品牌，那么，其发展模式是不是值得推敲？这对中国企业品牌的发展有怎样的经验和教训。

D. 高峰对话四：坚守？外嫁？——收购狂潮下的民族品牌

面对国外大品牌咄咄逼人的收购狂潮，民族品牌是继续坚守，还是半推半就风光嫁人？收购，或许对企业家有好处，看似也是企业的个体行为，其实，关系到整个民族品牌的发展未来。收购，是国外大品牌消灭民族品牌中具有竞争潜力品牌的一个常用的套路。民族品牌该如何看待外企收购？

平行论坛：

2011年8月9日举行平行论坛，预设高峰论坛如下：

- 品牌中国理事会2011年会；
- 第三届中国品牌经理人高峰论坛；
- 2011品牌中国(中关村)高峰论坛；
- 2011品牌中国(服装)高峰会；
- 2011品牌中国(旅游)高峰论坛；
- 2011品牌中国(县域经济)高峰论坛；
- 2011品牌中国(汽车)高峰论坛；
- 2011品牌中国(电子商务)高峰论坛；
- 2011品牌中国(中医药)高峰论坛；
- 2011品牌中国(太阳能)高峰论坛；
- 2011品牌中国(酒行业)高峰论坛；
- 2011品牌中国(房地产)高峰论坛；
- 2011品牌中国(互联网)高峰论坛；
- 2011品牌中国(陶瓷)高峰论坛；
- 2011品牌中国(木竹家居)高峰论坛。

(3) 中国自主品牌诚信倡议书

简述：号召参会嘉宾和企业签署诚信倡议书；成立"中国自主品牌诚信联盟"；铸造"诚信鼎"和"诚信印"，在开幕式上揭幕，作为本届品牌节的象征。采用微缩版的"诚信鼎"和"诚信印"作为礼物赠送嘉宾。

2. 品牌推介/颁奖

(1) 大型电视慈善颁奖晚会

简述：以创新和诚信为标杆，展现中国国家品牌战略的形象，突出民族品牌成长的力量。表彰优秀的民族品牌，树立榜样的力量。为优秀的民族品牌树碑，为正在成长的民族品牌助威，为具有发展潜力的品牌造势。

亮点：突出诚信和创新，发掘自主品牌的闪光点。

(2) 2011品牌中国总评榜

主题：力量与信心

简述：设置各种类别的奖项，奖励为中国品牌事业发展做出贡献的企业或个人，给予他们应有的荣誉和尊重。打造中国品牌业界的"奥斯卡"。

亮点：不以企业大小为标准，凡是在自主品牌构建领域有突出成绩的企业或个人均可获奖。

A. 奖项设置：

2011品牌中国华谱奖；

2011品牌中国金谱奖；

2011中国十大品牌城市；

2011品牌中国大奖。

B. 奖项范围及描述：

奖项名称	奖项范围及描述
2011品牌中国1000强	最权威的品牌价值排行榜(只发布榜单)
2011品牌中国华谱奖 ——中国25大年度典范品牌	面向世界，从最能代表中国形象的企业品牌中进行评选。自2011年起，以后每3年评选一次。
2011品牌中国金谱奖 ——中国行业十强品牌 ——2011中国十大品牌城市	25个行业，每个行业金谱奖数量为1个，入围奖2个，在品牌集中度高的25个行业中开展评选。每年评选一次。 在全国副省级城市和地级市中开展评选，依据城市品牌数量及对品牌的扶持力度来评定。每年评选一次。
2011品牌中国大奖 品牌中国大奖·最佳质量成就奖； 品牌中国大奖·最佳技术进步奖； 品牌中国大奖·最佳产品创新奖； 品牌中国大奖·最佳品牌设计奖； 品牌中国大奖·最佳品牌广告奖； 品牌中国大奖·最佳品牌营销奖； 品牌中国大奖·最佳品牌文化奖； 品牌中国大奖·最佳品牌形象奖； 品牌中国大奖·最佳市场人气奖； 品牌中国大奖·最佳品牌经营奖； 品牌中国大奖·最佳品牌管理奖； 品牌中国大奖·最佳社会公益奖； 品牌中国大奖·最佳国际开拓奖； 品牌中国大奖·最佳国际信誉奖； 品牌中国大奖·最佳品牌传播奖。 ……	面向国内，从所列品牌元素中进行评选，每个元素获奖数量为1个，入围奖为2个。每年评选一次，允许有空缺。

C. 评选标准如下所示。

自主品牌：企业对建设自主品牌体系有明确的规划，产品的核心技术、主要产品拥有自主知识产权。

行业影响力：品牌在行业内具有强大影响力，业绩持续处于行业领先地位或在行业品牌建设中提出突破性的品牌主张。

区域影响力：品牌在省级行政区域内具有强大影响力，业绩持续处于领先地位或在区域品牌建设中提出突破性的品牌主张。

品牌购买力：企业本年度有突出业绩表现，对行业的成长有明显的拉升或带动作用。

品牌活跃度：企业本年度发动一系列品牌运动，品牌形象不断提高，品牌创意不断创新。

品牌影响力：品牌运动持续对消费者产生强影响力，使企业品牌知名度、美誉度、忠诚度有重大提升。

社会责任：诚信经营，秉持市场经营公开公平公正的原则，热心社会公益事业，注重环境保护和可持续发展。

国际化程度：品牌在国际市场有良好的表现，且国际市场销售额在总销售额中占有很大的比重。

成长力：品牌拥有良好的成长潜力及市场发展前景。

创新力：品牌拥有良好的、持续不断的创新能力。

D.评审组织结构

邀请知名企业高层领导、著名品牌专家、行业专家等有关方面权威人士出任常务评审委员、评审委员。

联合主办单位负责人及获邀的专家等共同组成年度"品牌中国总评榜"组委员会，负责年度总评榜评选活动的组织和领导工作。

邀请品牌专家、经济学家、知名企业家、传媒领袖等权威人士组成专家评审团，负责评审工作。邀请独立的学术机构提供学术支持。

E.评选流程

参选推荐：2011年5月1日—2011年7月31日

候选公示：2011年6月1日—2011年6月30日

公众投票：2011年6月1日—2011年6月30日

专家评审：2011年7月8日以后

颁奖典礼：2011年8月8日—2011年8月9日

后续推广：2011年8月—2012年8月

(3) 2011品牌中国1000强

简述：品牌中国产业联盟依据自主编制的品牌价值评估体系评估中国品牌价值，推出品牌中国1000强。除了1000强榜单的排名，该报告还包含了品牌中国产业联盟专家对中国品牌现状及未来面临的挑战的见解和分析，以及主要行业的简要报告。品牌中国1000强的意义远不止是一个数字，真正的目标是了解中国品牌的现状，发现增长品牌价值的机会，推动中国品牌的发展。我们希望，随着中国经济的不断发展，"品牌中国"的不断成功，中国经济，尤其是中国品牌，能够在世界经济中占据越来越重要的位置。

3. 品牌展览/参访

(1) 中国品牌体验馆

时间：品牌节期间

地点：品牌节主会场

简述：在品牌节期间设立中国自主品牌的体验馆。通过图片、实物以及生产过程展示，并配合声光电技术与参观者互动，展示企业品牌形象。

(2) 品牌之旅

时间：2011年8月10日

地点：北京

简述：走进知名企业，近距离感受民族品牌的魅力，分享品牌成功经验，总结品牌发展得失。

(3) 2011品牌中国投融资洽谈会

时间：2011年8月8日—2011年8月10日

地点：北京

简述："2011中国品牌投融资洽谈会"是专门为中外投资机构

欧阳国忠：刚刚说的表格式管理和人盯人的管理，人盯人听清楚了，每个人都是各司其职，一个萝卜一个坑，这样的话每个环节责任到人。那表格式管理是一个什么概念呢？

宾颖超：表格式管理实际上就是每一天干什么，去哪里，发到大家手上一个表格，每个人的联系方式及责任、工作范围与任务，都详细地罗列地表上，这是一个总表格。第二是每一天每一个巡演点要做什么，流程是什么样，人员安排是什么，各方的资源分配是怎么样，有一个详细的安排表格。第三是项目表格。比如我做开幕式，开幕式就有现场执行的节目单的表和流程分工表；闭幕式可以有闭幕式的节目表和流程表；然后到了中秋晚会就有中秋晚会的节目单及流程控制表。中秋晚会在一个街区里面有六个演出点，现场有近三万人，而且是晚上，我一个人不可能看六个场子，那么这个时候我是干什么的？我是巡逻兵，六个点必须有一个执行导演负责，还必须有一个催场导演负责，那么还得有一个学生主持人，这是我六个地方的配备，跟音响师合作了多场都非常熟悉。还有舞台方面的，每一个地方都得派一到两个机位，主舞台有四个机位的录制，所有这些你都得要告诉他们，什么时间做什么，那么光说是不行的，必须要有文字性的确认，这个文字就得制成表格，他们得知道每个地方都有一个为主的组长。

欧阳国忠：把任务分解？

宾颖超：对，分解任务，然后信任他人，这就是我能把事情做好做成功的保障。

欧阳国忠：分解任务，充分授权。这个表格式管理是要把整个工作细节以表格的形式告诉大家，使大家明确。除了任务分工，我们的活动进程也在表格当中详尽地体现出来，从倒计时到每个人的工作职责，都在以表格形式控制管理？

宾颖超：没错。但是我还要说一点，谁都在做表格，所有的人也都知道做表格，但是真正有没有把这个表格落实到位，这也是有差异的。根据我们的经验来看，除了做表格以外，一定要去记，我要求每个拿到表格的人，每个人都要写上自己的名字，在他写上自己名字的时候，要在他负责的那一项，他一定要用红笔或者蓝笔做标记，反正一定要做重点标记。

欧阳国忠：知道整体是什么情况，自己要负责哪一块要更加清楚。其实在一个活动执行里面，所有活动都可能是同一个程序，或是大体类似的程序。

宾颖超：没错，这种表格谁都会做，关键在于他能执行到位。

经验将可变性变为可预见性

欧阳国忠：还有一种情况是可变性，在活动里面最棘手的就是可变性因素太多了，这种可变性因素怎么应对？

宾颖超：就是经验。我们建立起了一套突发事件处理方案，将十年来碰到的每种突发事件，我们碰见的许多紧急事件，如演员迟到或者路上堵车，飞机晚点，甚至飞机飞不起来，人员根本没法到场等，都进行了归整，建立了一套应急处理方案。因此，档案资料非常丰富，这些都是我们多年不断磨练出来的经验总结。为了有效地控制这些可变因素，我们一般都会提前做足预案。有一次，我们做的开幕式，三个半小时，电视台、腾讯网、新闻频道、电台同步直播，现场有两三百家媒体在报道。开幕式节目已经拉开了帷幕，但还有三个演出团队在赶往演出现场的路上，两点钟开始，他们四点钟才到。怎么办？我们还是想办法安排他们上了节目，上了舞台，而且表演得非常精彩，这个其实都已经事前做好了计划，都已经全部做足了预案，遇到这种事情我们如何调整，如何应对，所以事发后我们才能轻松处理。

欧阳国忠：也就是说，只要提前做好了预案，可变性就变成可预见性了。

宾颖超：我们做方案，都会做两到三个备用方案，把可能发生的事情都提前考虑到。比如说下雨怎么办？迟到怎么办？节目演出过程中突发事件怎么办？这些我们都是有预案的，仅凭预案还是不够的，这些都需要临场进行变通，需要现场指挥的控制能力，才能确保一场晚会的执行完美呈现。每一个细节、每一个点，都需要有全方位的布控，比如导演一定要布控到音响，布控到催场，布控到直播车上，还有字幕机，每一个地方，每一个要关键点都必须要有十分可靠、十分老练的有执行经验的导演。我们对人员的前期布置就是为了杜绝突发事件影响晚会的顺利进行。

欧阳国忠：在关键的岗位上一定是由具有丰富职业化操作经验的团队去执行的？

宾颖超：是的。

欧阳国忠：我们长沙人把事情弄砸了或者办得不顺利叫做"筐瓢"，很多经验是建立在"筐瓢"多了的基础上。教训买来了经验，丰富经验就可以形成一种自发的可预见性。

宾颖超：还有一个就是跟主持人的配合度，除了给主持人写好台本之外，还要跟主持人进行全面深入的沟通，万一出了突发性事件，接下来要讲什么一定要在前期告诉他，这都是临时性很强的调整，免得主持人临阵慌了手脚。比如张家界国际乡村音乐周的开幕式，开幕式是38个团队全部出场的展示，每个团队有两到三个人，38个团队全部出场之后，接下来就是一个西班牙歌手的激情歌唱。但是，晚会场地的后台实在太大，他绕着后台转了五分钟才来到现场。他中间只隔了三分钟的节目，主持人的串词只有不到一分钟，这可怎么办？难不成中间就空了一分多钟，这个时候就考验主持人的功力了，就得请主持人多串一分半钟。我就跟主持人说你多串，一直串到我跟你做手势，他们在台上站好位、拿好话筒，你们才能下来。现场表现得有条不紊，其实后台很乱，但是直播、观众一点都没有看出来，这个应对能力让晚会完美地呈现出来了。

欧阳国忠：后台掀起千层浪，但是呈现给观众的是一个很平静的有条不紊的操作程序。刚才你说的，也是可取的一个方面，主持人是一个出口，是面对直播、面对观众第一位的体现者，如果你之前没有给他这种提醒的话，可能会慌了手脚。

宾颖超：我们选用的主持人，都是那种灵活度，经验度，还有就是现场把控能力比较强的，而不是比较贵的。还有一种就是好沟通的主持人，这是我喜欢合作的。

欧阳国忠：这也是你的经验？

宾颖超：对。有时候台本可能写得很完美，领导也觉得不错，甚至在彩排的时候这些问题都很难发现，但是真正用起来，就会发现问题多多。像这次张家界的活动，所有节目都只有一次彩排的机会，得一遍就过，而且现场还没有主持人。所以，当晚会真正开始的时候，就是一次全新的磨合了，需要执行团队做足预案，应对一切都有可能发生的各种突发事件，还需要主持人、导演控制好节目现场，无论如何也不能让观众、台下的来宾领导受到紧急事件的影响。事实上，每场晚会都是一个一次临时性的调整控制过程，没有哪一场晚会能完全根据流程来走，总会有小插曲。关键是我们能将这些小插曲化解成热闹而有序的晚会现场。

欧阳国忠： 也就是说一场活动最大的亮点，很有可能是你临时的创意？你做一次大型活动，它的亮点是不是就体现在应变的机制里？一场活动，你的应变机制好，就能随机把好的东西临时挖掘出来，而不是按程序死板地推进？

宾颖超： 是。本来我们安排获得了特殊贡献奖的美国的马克·力文唱一首歌的，他也准备了一首歌，是专门为张家界国际乡村音乐周写的歌。但是，临到上场前的三个小时，他们通知我说嗓子哑了没办法唱这首歌，我们就没办法了，只好赶紧取消了这个环节，最后变成在现场由赵小明市长给他颁奖，采访市长。当时我注意到了赵小明市长在台下看闭幕式表演，我觉得赵小明市长能够很好地表达出他想说的一些话，因为赵小明市长本来就是一个很国际化的市长，很有闯劲，很有爱心，这个活动也是他主张创办的，两年一届的国际乡村音乐周的活动也是他定下来的，我相信他应该有很多感慨很多想说的东西，于是我临时通知我的导演告诉主持人说，请采访赵小明市长。

欧阳国忠： 得到的效果是不是特别好？

宾颖超： 是的。赵小明市长说了他其实憋了七天想说的话。

欧阳国忠： 可能憋了几年想说的话，这个时候给他迸发出来了。

宾颖超： 有些东西一定是有感而发的，而不是摆设好的，有时候你摆设好的，还不如有感而发的精彩。

欧阳国忠： 这场有600多个演员的活动，有没有遇到一些困难？

宾颖超： 困难倒还好，但最大的挑战就是要跟说各种不同语言的人进行演出要求的沟通，这个有点问题。因为这次来的真的都是特别有名特别好的歌手和艺术家们，每个国家、每个艺术家、每个音乐家，他们对舞蹈现场的要求、舞台的要求、现场音响的要求都是挺高的，他们也希望能够在开幕式我们已经设定的短短三分钟的时间内，进行比较完美的表演。他们与我们进行沟通调整，最大的障碍就是语言。

欧阳国忠： 语言是一大障碍。刚刚讲完了张家界的这次活动是最近的，在之前就是深圳世界大学生沙滩音乐会，也是国际化的。

宾颖超： 这两场是一模一样的挑战，你不知道来的嘉宾唱什么歌，不知道他们带什么样的乐器，不知道他们用什么样的曲目，不知道他们有几个人。

欧阳国忠： 你是怎么克服这个困难的？

宾颖超： 我们就是完全设想，首先是大胆地设想，然后翻阅大量的组委会能够提供给我们的图片、资料、照片、音响资料，深圳就是一个一个的电话沟通，然后一个一个地跟歌手敲定，光这个工作整整做了一周时间。这一次张家界的乡村音乐周是38支团队，更多更恐怖，量更大，组委会帮我们做了一部分，但远远不够。活动结束后市长总结说，闭幕式比开幕式更好看。我说"是，市长"，开幕式的时候真的是一片迷茫，根据不了解来者的具体情况，到闭幕式时一切尽在掌握中了。

闭幕式节目更精彩也是对的，我们有一句话叫做虎头豹尾，一定要有完美结尾。闭幕式是把开幕式和巡演中，每一个乐团尽情表演的最精华最经典的东西挑出来进行演出。闭幕式在室内，还有大的显示屏作为辅助，肯定会更加好看。但是开幕式就是全面的展示，非常热闹，衔接非常的紧凑，三个半小时除了一些领导因为公务原因，先离席以外，现场所有的观众朋友，每一个人一直到最后都在热烈地鼓掌，甚至在最后的歌曲里面，大家全部集体站起来鼓掌。三个半小时，大家不觉得它拖沓，不觉得它冗长，也不觉得它难看，而是觉得它意犹未尽，这就对了。

在突破中享受舞台的精彩

欧阳国忠：做大型活动的人，有句话说痛并快乐着。你觉得，痛在哪？快乐在哪？

宾颖超：痛就是创作的过程是痛苦的，编排的过程是痛苦的，挖掘故事、挖掘人物、挖掘亮点，达到领导想要的要求这个过程是痛苦的。再就是撰写台本、修改台本的过程是痛苦的。快乐就是当所有最精彩的、所设想的，全部按照你的预计时间、按照预计的效果完美地呈现在观众眼前，并被摄像机完美地捕捉到了，没有遗漏的时候，这个才是最快乐的，观众的热烈掌声以及领导们对你的肯定，我觉得这个就是我们最快乐的。

欧阳国忠：还有一个快乐，是不是在舞台上？在你指挥团队按你的设想去实施的时候，是不是也有一种很好的感觉？

宾颖超：没有。我只是觉得每次开始之前我都很紧张，我都跟大家说，请大家紧张、认真，保持一种紧张状态，我这个时候是要求非常紧张的。在活动真正开始时，我就是温和的，我希望大家这个时候是放松心情去执行每一个环节。只有到了最后那一刻，演唱歌曲唱响了，我觉得我已经完美地呈现了我想要的东西，这时候才是我最放松、最快乐、最释放的时候。

欧阳国忠：一场活动的开始那一段时间应该是一种紧张的状态，你所谓的这种"紧张"是什么含义？

宾颖超：我要求大家态度上要认真，行动上要迅速、快捷，反应上要灵活，处理问题上要变通。

欧阳国忠： 变通还是果断呢？

宾颖超： 都要。

欧阳国忠： 做活动的人，有时候觉得做完之后很苦，但是过一段时间又想做了，这种有瘾的感觉是不是也是你的想法？

宾颖超： 是的。我们热爱舞台，是一群快乐的传播者，我们觉得能够在里面用自己的能力去将一些东西进行完美的呈现和创意，在创意里面将文化、内涵进行升华，这是我们觉得快乐的事情，而且我们都喜欢创作中的快乐，编排中的快乐。

欧阳国忠： 也就是说有突破？

宾颖超： 对。我跟我的团队也是这样说的，我也是这么要求他们的。我说不要睡在自己的成绩上，这也是我的老师汪炳文告诉我们的。他就是一个零，就是一杯清水，当开始创作的时候，他就是由零到一百的过程，当你一路走完了这个过程以后，就是一个圆。从起点画了一个圈，画了一个圆满句号的时候，又回到了起点，这时候又是一个零。就像一杯满满的水，注入过程是痛苦和快乐的，当它注入完以后，你一定要把它喝掉，清空杯子继续装满新的水。

永远要保持一颗年轻的心态，永远要跟我们社会最新的资讯、最新的文艺、最新的时尚、最新的那些表现形式接轨。有一句话叫做民族的就是世界的，还要把世界的东西、民族的东西在我们的活动里面进行完美的呈现，进行最好的排列组合，进行消化创新。

欧阳国忠： 刚刚说到你热爱舞台，是不是对舞台充满无限的期待？或者是你想在舞台上去表现源源不断的新创意？

宾颖超： 我是一个充满好奇，永远走在路上的人，我是一个职业的媒体工作者。我有一个口头禅，我的活动做到哪，我就吃到哪，我就玩到哪，我的朋友就交到哪，这就是我的人生态度："三到"。

我希望能够在中国国内各个少数民族、各个省份都做一场晚会，这是我最想做的事。同时希望能够走出国门，跟世界的人民和分布在世界各地的中国华人进行一些文化项目的合作，将世界好的文化理念以及我们中国传统的、好的文化进行互相沟通和交流，这个是我今后的一个主攻方向，也是我最想做的。

欧阳国忠：对于文化多元化的好奇感，促使你对舞台艺术不断有新的追求，也有不断去追求的动力。

创作六部曲，好沟通成就好晚会

宾颖超：我们的创作一般分为这么几个阶段，首先是拿到项目查资料；第二是直接到实地踩点、考察、采风，了解当地的情况、需求；第三是创作，创作以后就是论证与沟通，接下来就是带着团队到现场实施，最后就是一个完美的呈现，是六个步骤。

欧阳国忠：六个步骤，在这六个步骤当中，最重要的是不是去了解当地的文化？

宾颖超：沟通是最重要的，这个过程是非常重要的。沟通和采风这两个过程都是必须的。

欧阳国忠：沟通有哪几个方面要素是非常重要的，不能忽略的？

宾颖超：第一就是当地的风土民情；第二是主题；第三就是对方的需求；第四就是跟当地合作，他们有时候叫做灯下黑，他们经常见惯不惯的东西，对于外面的人是新鲜的，这个很重要。我们要发现当地的或者说当地可能觉得习以为常的东西，对于观众来说，对于游客来说，对于没有去过那里的人们来说，它是很新鲜很有吸引力的，这需要我们用一种媒体的新闻眼光去发现。

欧阳国忠：正好把你以前新闻职业的经历给用上了。

宾颖超：对。5个W，每次到了这个地方就是时间、地点、人物、事件怎么样、为什么要这么做。每一次去当地采风就是按照新闻的眼光去发现亮点，然后再按照文艺的表现方式去呈现。

欧阳国忠：以新闻人的眼光挖掘当地的文化，以文化工作者的艺术表现形式来呈现当地的文化？

宾颖超：是。另外我在主持词里面，包括跟主持人沟通的时候，包括跟当地的领导沟通的时候，包括跟新闻媒体沟通的时候，我希望大家说人性化的东西，说故事，而不是说官话，不是说冠冕堂皇的话，而是说大家想听的话。

欧阳国忠：你觉得作为一个晚会的总导演或者是大型活动的总导演，最宝贵的是什么？

宾颖超：团结、协作、包容、认真。

欧阳国忠：你还说过"变通"这个词，在大型活动当中，因为有很多需要变通的，但有些东西是不应该去变通的，而是坚持的。怎么样让领导接受，这可能是考验一个人的沟通技巧和经验的问题。

宾颖超：坚持。会有很多这样那样的因素，因为主办方还有承办方，他们有这样那样的要求，但是当你认定你这个方案或者想法会是精彩的时候，你就应该想要怎么样去说服他，或者说是临时变通地、在大格局不动的情况下，把这一点进行完美的呈现，这也是需要方法和技巧的，这也是一种经验，但这就是我们的艺术坚持。

欧阳国忠：是不是可以这样讲，你想变通的，你想坚持的，是打心底里为对方考虑的？那该如何通过你自己的语言表达或者沟通技巧，让对方知道你这些坚持都是为他好？

宾颖超：我一般多是鼓励和表扬，然后我会肯定他的东西是好东西，他想让我们改变的东西也是好东西，但是我会告诉他，如果我们换一种方法来处理这样的问题，然后换一种艺术表现形式来处理的话会更好，而且我还会跟他举例说明，这就是经验了。我们在某台晚会中，某个项目中是如何处理这个问题的，直接关系到我们最后能否完美呈现出积极向上的、更好的结果。一般经过沟通，90%以上官员们、领导们，还有企业家们、主办方们是会认可，组委会也会听的。

欧阳国忠：你这种沟通方式，一是为他好，二是结果引导。

宾颖超：沟通技巧的问题。

媒体造势有助于晚会扩大影响力

欧阳国忠：像国内的这种地方特色的节庆活动，我们可以举一下例子，比如"2010中国襄樊·诸葛亮文化节"。

宾颖超：还有贵州同仁的全国龙舟赛开幕式，那个也是有详细的导演场次策划案。还有就是江西的城市运动会的开幕式，广西巴马的长寿文化节开幕式，这些都是比较经典的案例。

欧阳国忠：在这些经典的案例操作过程中，对于如何把地方的节庆文化很好地呈现出来，有什么样的体会和经验？

宾颖超：中国50多个民族，真是多姿多彩，而且每个民族在每个地域都有自己的特点。比如苗族在每个地方表现出的那种节目形式、服饰都不一样，唱的歌也不一样，在于你怎么样把当地的文化进行完美的挖掘。还有就是当地舞蹈团体的节目怎么样跟时尚的舞台、快速的文化进行结合？其实我觉得这都不重要，重要的是前期宣传和后续的报道，以及举办期间新闻的炒作，我觉得这些才是最重要的。因为晚会、节会的表演时间都很短，筹备的时间也不长。我们操作项目的时间有一个月的、有三个月的，真正要能够将一个地方的旅游特色项目最好地呈现，我做了这么多年，我的经验就是，单纯以当时的这场晚会的精彩呈现是不够的。最重要的有几方面，首先是前期的新闻宣传，我们得将这个项目告知给大家，艺术创作是什么，让大家有个期待值，期待看到这场晚会，看到这个精彩的画面，看到谁来表演，看到里面的故事，大众在等待的过程中就是一种宣传。然后就是演出前期和当天的整体宣传，我觉得这一点做得最好的，在国内旅游界做得最棒的就是大师级的人物叶文智，他在这方面是运作得最好的，所以这都是需要我们来学习的。此外，后续的宣传报道，以及对整个项目组织方的新闻宣传炒作采访，都应该趁热乎劲还没散进行紧锣密鼓的推广。

欧阳国忠：也就是说一台晚会的呈现容量是有限的？

宾颖超：没错，非常有限。甚至有些地方花了一千五百万，没声没响就花完了，他说请来了这个明星那个名主持人，然后晚会灯光音响花了多少钱，大屏幕用了多少钱，但是真的是自娱自乐。

欧阳国忠：现在这是一个通病。

宾颖超：所以我们一定要解决这个通病。节会分为"四期"，即预热期、宣传期、炒作期和保温期。我希望各个节会、组织机构都能够知晓这些。千万别看淡媒体和晚会现场的结合，它们一定是同步的。

欧阳国忠：就像《超级女声》和《快乐男声》一样，最后的决赛是一个舞台呈现，但是借力于媒体全方位的造势与宣传，很好地把选秀过程展现出来了。

宾颖超：成功的炒作，目前来说国内的就是《快乐女声》、

《快乐男声》，然后就是《舞动奇迹》和《武林大会》，还有就是《中国达人秀》，这是目前来说炒作最成功的。

欧阳国忠： 你是不是觉得很可惜，你们在操作节庆活动的时候，花了很多心思、时间、精力，政府花了很多金钱，最后的呈现是一个短时期的，没有完全把你们整个的创作过程以很好的传播形式传播出去？

宾颖超： 这是我有时候觉得很遗憾的东西。

欧阳国忠： 这是不是需要一种理念的引导和团队的协作？

宾颖超： 需要领导有这个意识，同时也能充分地信任你，愿意让你参与其中。另外，在整个制作经费的预算里，必须有一部分是用来做宣传经费的。

欧阳国忠： 现在很多的活动都没有这一块的预算。

宾颖超： 是的，活动必须要有媒体的造势，才能将活动的价值彰显出来。

欧阳国忠： 受益匪浅，谢谢！

案例

2011沙滩音乐会节目导演策划方案
架起友谊之桥

一、前言

乘东欧交流年蓬勃开展天时

借深圳世界大学生大运会地利

凭第八届中国流行音乐金钟奖总决赛之火热高温

以青春之名
以友谊之桥
以音乐之美
以快乐为本
2011 深圳 大梅沙 音乐与友谊的交响！

二、目的

一个热爱音乐的中外年轻人的聚会，一个娱乐媒体关注的焦点，一个全民共同参与的音乐狂欢节，一个诠释友谊、诠释青春的别致解读。本次沙滩音乐会将达到促进中外文化交流的目的，向世界展示深圳活力、以音乐架起联动世界的友谊桥梁！

三、主题体现

本次音乐会将以一条清晰的主线，来贯穿音乐会的所有章节，并以具象化与意象化相结合的来表达友谊之桥的意义。

主线表达：一个带着音符和梦想的漂流瓶，漂到世界各地的沙滩、海洋和城市，音符沿途一路飘洒，构筑起以音乐和青春为主体的友谊桥梁，连接全世界的梦想、青春、友谊的伟大壮举。

本次音乐会将以章节的形式，从不同角度用声、光、电的视觉手法和听觉效果来解读友谊之桥的架设以及世界相连的喜悦。

章节过渡：采用极富童话般纯真的沙画艺术和清澈天籁的中学生合唱团人声歌唱表演相结合的艺术表现形式，一同诠释每个章节的主题。

四、节目风格

整场节目的创意风格将以青春为基础，高雅为基调，快乐为主要元素，热情为现场氛围，感动为爆点升华，将整场晚会的中心思想直指世界友谊。

五、晚会时长

晚会时长：120分钟

时间：2011年8月10日20:00

地点：广东深圳市大梅沙海滨公园

总体时长：120分钟左右(含主持人串台词时间)

主持人：朱力安、刘茗茗、欧阳智薇、张达

六、表现形式

以大型户外音乐会为表现形式，采用外景短片和现场表演相结合的形式，整体气氛要求快乐热情融洽。

七、章节阐述

本次沙滩音乐会共分为四个章节：梦想 青春 友谊 世界

用一句话来讲述本次音乐会的四个章节所赋予的关键词，那么这句话就是：我们都有一个梦想，用青春和友谊，在全世界架设起我们的友谊之桥。

晚会开篇：在领导宣布本次活动开始的同时，位于舞台右侧的"愿望塔"正面将用冷焰火燃放出本次活动的主题。硕大而耀眼的"架起友谊之桥"六个晚会主题汉字，为当晚音乐会拉开炫目的帷幕。

第一章节——梦想篇

梦想是大家最天真无邪的愿望，追寻着梦想时，每一天都是缤纷的，因为每一个小时，都是在实现着梦想的一部分。

因为对音乐共同的爱好，世界各地的年轻人汇聚到了这里。为实现他们音乐的梦想，大家欢呼和歌唱！有梦想就有希望，年轻的心因为梦想而跳跃！

沙画表现形式：一个可爱的小女孩怀揣着梦想，去到海边放飞漂流瓶，小女孩将装有音符的漂流瓶放到海里，随海水飘向远方，音符在漂流瓶中飘荡，时快时慢，就像各种节奏不同的乐曲。漂流瓶带着她的音乐、带着她的梦想走遍世界各地，看到了她梦想中希望去到的每一个地方。

1. 开场团队秀《四海一家亲》

全部十二所大学表演者上台，和舞蹈演员一起向观众致意。

伴舞：5678舞蹈工作室 齐舞空间

2. 播放沙画视频短片 中学生合唱《天空之城》

深圳红岭中学合唱团

3. 独唱《万物生》萨顶顶

空灵的音乐，直入灵魂的嗓音混响着大海的浪花声，萨顶顶用天籁之声倾吐着纯洁的梦想。整个舞台灯光空灵恬淡以配合萨顶顶的歌唱。

伴舞：5678舞蹈工作室 齐舞空间

4. 播放梦想单元视频短片 拍摄本章演出的各国大学生。

形式：

外国演出嘉宾自述，我来自某某国家，我的梦想是……我爱音乐，中国我来啦！

国内演出嘉宾自述，我来自中国的XX大学，我的梦想是……，中国欢迎你们！

5. 萨克斯四重奏《与马丁最后的探戈》

澳大利亚悉尼大学

(投资人)、中国地方政府和各行业重点扶持项目以及具有良好发展潜力的中国品牌企业和新兴中小企业举办的投融资盛会。邀请知名投资机构、专家学者，就中国投融资市场概况及其发展趋势以及地方政府和企业如何与投资机构建立互信共同合作，实现跨越式发展等话题进行系列研讨。

(4) 企业品牌管理训练营(夏训营)

时间：2011年8月9日下午

地点：北京

知名品牌管理专家亲自授课，解析企业品牌发展得失，现场学员互动，提升企业管理者和企业员工的品牌修养，培养企业品牌建设团队。预计培训规模500人，并颁发"2010—2011企业品牌管理训练营证书"。

4. 品牌交流/合作

(1) 欢迎晚宴暨贵宾沙龙

时间：2011年8月7日晚

简述：由企业冠名，召开欢迎晚宴。在晚宴上，冠名企业领导人发表演讲，并结合简单的文艺活动。同时，在晚宴上体现企业品牌和产品，是企业品牌在高端人群中的一次强有力的传播。

(2) 交流合作洽谈区

时间：品牌节期间

简述：在第五届中国品牌节期间，在会场专门设置交流合作洽谈区，方便有合作意向的客户进行交流和沟通。并设置资料展示栏，企业可以将有关宣传材料放置其中。

5. 品牌巡讲/夏令营

(1) 品牌中国"大运行"暨第五届中国品牌节火炬传递

时间：2011年6月1日—2011年8月8日

地点：全国高校

主题：传递梦想 点燃激情

形式：走进大学演讲、万人签名、火炬传递、倡导诚信、推进创新

简述：面向全国重点高校，大学生群体以及各地政府、代表性企业。通过火炬传递的方式，播撒品牌种子，传播品牌理念，提升自主品牌的社会影响力。

(2) 品牌中国大学生夏令营

时间：2011年8月7日—2011年8月11日

地点：北京

主题：品牌·青年·未来

简述：面向全国高校大学生、全国各地中学生、海外归国留学生等。

组织大学生来京，以社会公益和品牌传播为模式，参观知名企业、知名高校、普及品牌知识、提升大学生社会实践能力。

6. 日程安排

活动内容	活动时间
品牌中国"大运行"	2011年6月1日—2011年8月8日
大学生品牌夏令营	2011年8月7日—2011年8月10日
第五届中国品牌节参会报到	2011年8月7日全天
欢迎晚宴暨贵宾沙龙	2011年8月7日晚
第五届中国品牌节开幕式 第十二届品牌中国高峰论坛(主旨论坛)	2011年8月8日上午
第十二届品牌中国高峰论坛(主题论坛)	2011年8月8日下午
大型电视慈善颁奖晚会	2011年8月8日晚上
第十二届品牌中国高峰论坛(主题论坛)	2011年8月9日上午
第十二届品牌中国高峰论坛(平行论坛)	2011年8月9日上午
品牌企业夏训营	2011年8月9日下午
金谱奖颁奖典礼	2011年8月9日晚上
品牌之旅	2011年8月10日上午
返程	2011年8月10日下午

特色项目：

投融资洽谈会、新品发布会、品牌体验馆	品牌节全程
冷餐会、"私享"会、围烛夜话、高尔夫球赛、贵宾沙龙	贵宾专属

五、媒体传播

2011年第五届中国品牌节，全方位的扩大宣传的力度、广度与强度，综合运用各类平台，强势宣传。让世界聆听中国企业的时代强音。

1. 媒体支持：

新华社、中新社、中央电视台经济频道、北京卫视、东方卫视、天津卫视、浙江卫视、旅游卫视、北京人民广播电台、天津人民广播电台、山东人民广播电台、浙江人民广播电台、央视网、中国经济网、中国网、中青网、北青网、腾讯网、网易、凤凰网、和讯网、金融界、千龙网、优酷网、酷6财经、第一视频、美通社、联讯社、中国商业电讯社、《光明日报》、《科技日报》、《中国联合商报》、《中国产经新闻》、《中国质量报》、《中华工商时报》、《中国青年报》、《第一财经日报》、《新民晚报》、《京华时报》、《北京青年报》、《北京晨报》、《天津日报》、《文汇报》、《中国商报》、《北京商报》、《中国经济周刊》、《经理人》、《英才》、《财经》、《投资家》、《创业家》、《北京青年周刊》、《中国名牌》、《钱经》、《新领军》、《精品购物指南》、《证券市场周刊》、《中国女性》。

2. 媒体宣传计划

(1) 户外、视频、新闻、广告(8家)

序 号	媒体名称	广告时长	投放周期
1	CCTV财经频道(财经新闻)	1分钟	2011年8月7日—2011年8月12日
2	北京电视台(BTV1-北京新闻)	1分钟	
3	北京电视台(BTV5-首都经济报道)	1分钟	

(续表)

序 号	媒体名称	广告时长	投放周期
4	分众传媒(楼宇广告)	15秒	2011年6月—2011年8月
5	航美传媒(全国机场液晶屏)	15秒	
6	宾臣国际(北京公交车体广告)	车身、拉手	
7	兆讯传媒(全国列车站液晶屏)	30秒	
8	金日酷媒(地铁隧道广告)	15秒	

★ 硬广(30家)

序 号	媒体名称	篇 幅	投放周期
1	《财经》	2版	2011年6月—2011年8月
2	《中国名牌》	2版	
3	《大众科技报》	2版	
4	《时代人物》	2版	
5	《环球游报》	2版	
6	《当代经理人》	2版	
7	《经理人》	2版	
8	《环球企业家》	2版	
9	《科技品牌与创新》	2版	
10	《商务时报》	2版	
11	《新商报》	2版	
12	《中国联合商报》	2版	
13	《淑媛》	2版	
14	《钱经》	2版	
15	《老字号与品牌》	2版	
16	《首席品牌官》	2版	
17	《法人》	2版	
18	《管理学家》	4版	
19	《管理与财富》	2版	
20	《华商》	4版	
21	《环球工商》	2版	
22	《销售与管理》	4版	
23	《亚洲新闻人物》	4版	
24	《用卡时代》	2版	
25	《中国经济周刊》	2版	
26	《中国品牌与防伪》	4版	
27	《中国商人》	2版	

(续表)

序 号	媒体名称	篇 幅	投放周期
28	《中国市场》	2版	
29	《中国中小企业》	2版	2011年6月—2011年8月
30	《中外企业文化》	2版	

(3)报纸专题(30家)

序 号	媒体名称	篇 幅	内 容
1	《人民日报》	2500字	第五届中国品牌节
2	《新华社》	2500字	第五届中国品牌节
3	《参考消息》	2500字	第五届中国品牌节
4	《经济日报》	2500字	第五届中国品牌节
5	《消费日报》	2500字	第五届中国品牌节
6	《法制晚报》	2500字	第五届中国品牌节
7	《光明日报》	2500字	第五届中国品牌节
8	《中国妇女报》	2500字	第五届中国品牌节
9	《科技日报》	2500字	第五届中国品牌节
10	《中国经营报》	2500字	第五届中国品牌节
11	《华夏时报》	1版	第五届中国品牌节
12	《西部时报》	1版	第五届中国品牌节
13	《优家画报》	1版	第五届中国品牌节
14	《文汇报》	2500字	第五届中国品牌节
15	《京华时报》	2500字	第五届中国品牌节
16	《北京晚报》	2500字	第五届中国品牌节
17	《新京报》	2500字	第五届中国品牌节
18	《环球游报》	2版	第五届中国品牌节
19	《中国产经新闻》	1字	第五届中国品牌节
20	《中国质量报》	1字	第五届中国品牌节
21	《品牌中国周刊》	4版	第五届中国品牌节
22	《中国经济时报》	2500字	第五届中国品牌节
23	《中国联合商报》	2500字	第五届中国品牌节
24	《中国工业报》	1版	第五届中国品牌节
25	《中国企业报》	1版	第五届中国品牌节
26	《国际商报》	1版	第五届中国品牌节
27	《澳门日报》	2500字	第五届中国品牌节
28	《侨报》	2500字	第五届中国品牌节
29	《都市女报》	2500字	第五届中国品牌节
30	《现代女报》	2500字	第五届中国品牌节

(4) 网络专题(10家)

序 号	媒体名称	内 容	发布时间
1	新浪财经	第五届中国品牌节	专题(现场直播)
2	腾讯财经	第五届中国品牌节	专题(现场直播)
2	北青网	第五届中国品牌节	专题(现场直播)
4	中国经济网	第五届中国品牌节	专题(现场直播)
3	千龙网	第五届中国品牌节	专题(现场直播)
4	和讯网	第五届中国品牌节	专题(现场直播)
5	酷6财经	第五届中国品牌节	专题(现场直播)
6	金融界	第五届中国品牌节	专题(现场直播)
7	第一视频	第五届中国品牌节	专题(现场直播)
8	环球活动网	第五届中国品牌节	专题(现场直播)
9	中国商业电讯	第五届中国品牌节	专题(现场直播)
10	联讯社	第五届中国品牌节	专题(现场直播)

(5) 新闻报道(300家，其中平面180家，网络100家，新媒体20家)

《人民日报》、《人民日报市场报》、《新华社》、《光明日报》、《国际先驱导报》、《中国妇女报》、《经济观察报》、《环球时报》、《中国贸易报》、《中华工商时报》、《中国日报社》、《中国消费者报》、《人民政协报》、《参考消息·北京参考》、《首都建设报》、《21世纪经济报道》、《中国知识产权报》、《中国商报》、《中国经济时报》、《时代周报》、《北京商报》、《北京科技报》、《经济日报》、《中国联合商报》、《经济参考报》、《香港商报》、《北京经济报》、《中国工商报》、《中国经济导报》、《科技日报》、《精品购物指南》、《中国经营报》、《北京晚报》、《21世纪报系》、《中国青年报》、《中国文化报》、《大公报》、《南方周末》、《当代中国画报》等。

全攻略

第七章

如何策划大型晚会活动

《快乐大本营》15年辉煌的秘密

金鹰节为中国电视打造了一场饕餮盛宴

湖南卫视春晚温暖了亿万人的小年夜

13年来，从学习晚会的运作，到开始策划，到将活动做成模块等一次次的逾越后，经过400余场大大小小活动及晚会的磨砺，从数量到精品，宾颖超怀着一颗永远年轻的心，始终走在社会最新资讯、最新文艺、最新时尚的前沿，深度挖掘主题，用创意点亮精彩，以最新、最完美、最人性化的形式，让最优秀的团队，成为舞台快乐的传播者，实现活动的社会效应、经济效应最大化，并怀着对多元化文化的好奇心，一直在不断追求新的舞台艺术。

本章主题

节庆喜庆需要晚会，公司庆典需要晚会，旅游推广需要晚会，政府活动需要晚会……，晚会越来越成为人们生活工作的一部分。我们每天都会接触到形形色色的晚会，春节晚会、"3·15"晚会、产品推广晚会、奥运会开幕式……这么多晚会如何才能脱颖而出，吸引观众，吸引目标客户，做出自己的特色与影响力来呢？如何才能实现晚会营销的目标呢？本章深度对话大型晚会导演宾颖超，看她和她的团队如何策划好晚会，如何将晚会的价值与影响力做到最大。

人物介绍

宾颖超，资深电视制作人、策划人、导演，现为湖南卫视资深导演。

🔲 对话宾颖超：深度挖掘主题，用创意点亮精彩

被访人：资深电视制作人、导演 宾颖超

访问人：环球活动网董事长 欧阳国忠

欧阳国忠：您做大型的晚会有几年了？

宾颖超：从开始做晚会到现在，从电视台一直做到台外面，一直到做团队、做公司，具体算来是从1999年开始的。

欧阳国忠：那就是13年了，十年磨一剑。

宾颖超：是的。

欧阳国忠：那你总共做了多少台大型的晚会、大活动？

宾颖超：现在是做精品，原来是做数量，从原来电视台栏目到后来的《快乐大本营》、金鹰节、台里台外的春节晚会，如果每一周一场来计算的话，自己做的，一年是20多场，然后帮助别人做20多场。年轻的时候，做的量比较大。现在主要是做政府的节会活动，所以相对来说周期就长一些了，因为从前期的跟进、后期的谈判，有些是一个月一场，有些是三个月一场，这么算下来，可能400多场吧！

欧阳国忠：你觉得自己在其中经历了怎样的历程，从开始做到现在，都经过了哪些方面的逾越？

宾颖超：在最初的时候，仅仅就是一种晚会的雏形，好像那时候的春节晚会一样。然后开始做小型的和大型的政府节会，还有就是企业的活动，再后来就是电视台一些必须要做的规定的晚会式的栏目。这种经历对于我来说，最开始是学习，接下来就是学习将活动做成模块，再接下来就是走入社会以后，跟社会、政府的节庆活动和企业活动进行对接，开始学会做个性化的东西。但是个性里面还是有共性的，比如说每一个活动它都会有必须的影响力、舞台灯光、音响道具、执行团队以及人的要素等硬件、软件要求。要说这些晚会之间的区别在哪里呢？区别其实就在于思想，每一场主题是不一样的，到每一个区域，反映的内容、主题不一样，也就是软性的方面及文化的反映不一样，哪怕就是同一拨演员、同一批歌手，在不同的地方唱的歌都是不一样的，就是到哪座山唱哪首歌。

双线并进，用青菜萝卜做佳肴

我做活动一般比较喜欢讲故事，走一条明线一条暗线，有时候甚至再走一条故事线索。那么，明线是什么？明线就是政府、企业它们需要表现的一种很明确、鲜明的主题。打个比方，我们到了湖北，要做一个诸葛亮艺术文化旅游节，这是开幕式，那么它就需要体现诸葛亮的文化，体现隆重大气，体现政府对襄阳文化的支持，同时还必须要有当地的人文地理特色，这就是明线。在这条明线里，我想要说的一些小故事，用我的讲法就是我们要用人性化的语言，包括串台词也好，舞蹈也好，都需要用一种比较有意思的语言表达出来，哪怕诗歌朗诵也要体现这个特色，而不是口号式的。我的原则是拒绝口号式，在节目或在整个晚会里面，我也不太喜欢用特别多的明星来堆砌整个的活动。我认为用明星没错，会扩大晚会的品牌影响力，但是如果我们没能用好明星的话，就会适得其反，反倒降低了我们的品牌影响力。道理很简单，成龙来了，宋祖英来了，所有的受众把关注力都放在了明星们身上去了，他们分不出精力来关注晚会本身，忽略了这个晚会的主题文化，这不是我们办晚会的最终目的。我们的终极目的是想让受众们、游客们、观众、媒体知道这是一个什么样的文化主题晚会，是什么样的文化主题活动，是要传达政府、主办单位宣传、扩大影响力的目的。所以，在我的活动里面，我不是很提倡过多用明星来堆砌。最起码在我的活动里面，并没有用太多的名主持，太多的名人，对于我来说，主持人只要他能够合适这个主题就够了，至于是不是明星都无所谓。一场晚会的明星也就选用三两个就可以了。假如主办单位要要求要有一个大牌，就来一个一线的，来一个二线的，再来一个三线的，其他的全都选用当地的群众、当地的演出团体、当地的文艺团体，甚至当地的农民或者是社会上很普通的团队。但是他们的演出效果并不会影响整个活动的效果，相反，会让这台晚会更加精彩、更加亮丽、更加好看，能够让媒体、电视机前的观众、现场的观众及游客对这个活动更加记忆犹新，这是我这么多年来做活动，一直在追求的方向和目标。

2011年8月10号，在深圳大梅沙举行了世界沙滩大学生音乐会，前来表演的嘉宾都是各大洲的名校学生，国内和国外12个院校，还有一些艺术团体和乐团，非常棒。我们用的主持人也并没有多大名气，很普通的，深圳卫视一个，深圳娱乐频道一个，然后再就是丁广泉的一个徒弟朱力安，还有中央台的一个小姑娘欧阳智薇，挺好的，配合非常好。现场两个小时，并没有那种当红的大牌明星，只有一个国内的金钟奖的历届获奖选手，然后就是加州阳光，还有深圳的几个乐团，这就构成了整场晚会的演出团队和主持人阵容，但是他们的表现力、现场感染力以及他们的敬业精神，都让观众感动和沸腾。节目非常精彩，里面用了一个深圳红岭中学的合唱团，88个孩子演唱了4个环节的4首歌，这4首歌跟青春、梦想、友谊、世界有关，也就是跟音乐会4个篇章有关的、很好听的歌曲。中间在开场环节设计里穿插有沙画表演。开场仪式中，所有国家的乐团亮相，每个人手中举着一瓶自己国家带来的沙子，用他们自己国家带来的沙子，让沙画师用沙画的表现手法描绘出我的青春、我的梦想、我的友谊、我的世界4个主题。现场非常震撼，非常完美。整场音乐会采用沙画加合唱，然后就是国内外嘉宾的文艺表演。当然，活动期间也请了萨顶顶和李健，他们是大学生欢迎的、年轻人喜欢的歌手。

欧阳国忠：现在来说，你不用去依赖于明星的名气或者说明星的堆砌来提升晚会的吸引力，而是靠深度地挖掘主题，通过创意把晚会做得好看。像做烹肴一样的，如果你把鱼翅和鲍鱼端出来，可能看不出什么功夫来，真功夫都是靠最普通的材料来打造的。

宾颖超：我用的原材料是青菜和萝卜。

欧阳国忠：用的青菜和萝卜，做出来大家一样爱吃。

宾颖超：家常菜。

欧阳国忠：这样最能体现出一个导演的功力，能有今天这样的功力，也是经历了一些过程的。一开始，是一个普通的新闻工作者。

宾颖超：我是做记者出身的。

欧阳国忠：在长沙电视台做记者，增加了你的社会阅历，同时也锻炼了你的处事能力。然后为自己架起了一个平台，到湖南卫视做快乐大本营。

宾颖超：是的，对文艺节目的把握，娱乐节目的表现形式，有了自己的见解和认识。

欧阳国忠：这是一个学习过程。

宾颖超：再后来，开始做金鹰节、春节晚会，这是一个逐步成熟和成长的过程。

欧阳国忠：到你独立当导演了，你考虑的是如何把晚会做得更好；再往后，2005年以后成了文化创业者，你考虑的可能不仅仅是一个晚会本身，而是晚会呈现出来的综合效果了。

宾颖超：没错，会照顾到很多人的情绪，很多层面的东西，政府、企业、旅游景区这些主办方我的客户们的诉求因素，都要全盘考虑周全。

表格与人盯人是打造完美团队的两大法宝

欧阳国忠：这么说来你这十多年，不仅是文艺手法表现的成熟度提高了，更重要的还带出了一支优秀的团队？

宾颖超：是的。从我自己2005年正式开始做自己的执行团队，一直在培养我自己的执行导演，培养我的策划人员、设计师、舞美工程师。到现在，都已经打造、集结完毕，他们在各个行业都是非常优秀的，在团队的工作表现也无可挑剔。随便挑出一个人来，他们都是能够独当一面的，我们大家都有着相同的做事风格，所以大家觉得合作很愉快。

欧阳国忠：最近你们去参与执行2011张家界国际乡村音乐周，这一个活动牵涉到来自国内外的600多个演员。

宾颖超：对，我们的工作内容还包括组织工作。

欧阳国忠：这个应该是你们做的活动当中比较大的一场了。

宾颖超：承接这个活动，前期是2011年5月份知道的，后来一直在做深圳的大学生音乐会，直到2011年8月15日才开始正式介入。刚接手时，离开幕式只有25天了，团队集结、设计、施工的时间都包括在里面了，真是非常紧迫，工作量超出了想象。组委会给我的任务是，2011年9月10日到16日7天的时间里，开幕式的文艺演出3个半小时、闭幕式的2个半小时，期间正好又碰到了2011年9月12日中秋晚会，在张家界的核心景区有一场中秋狂欢夜的晚会和两场景区狂欢夜的活动。除此之外，还有每天在6个景区上午和下午进行的巡演活动。我们还得根据38个团队的人数、国籍、宗教、信仰以及乐曲、歌舞、乐器的搭配情况，将他们分成6大组。每天由一个巡演导演带队，外加一个主持人，在6个景区循环演出。

这次组委会包括黄龙洞股份有限公司叶文智先生对我提了两个要求：一是要启用学生主持人，二是他不希望有明星大腕。开幕式的主持人选用了朱力安和湖南卫视的杨铱，闭幕式主持人继续用朱力安，另外一个是湖南籍的北京主持人罗紫琳，同时在闭幕式上大胆启用了学生主持人。这次活动的效果非常好，反响非常好，比领导以及我们团队当初的预想好很多，连很多国际国内友人都对我们表示赞赏。

我一直说策划谁都能做，创意谁都可能比你高，但是我对整个团队的要求是完美、准确、无可挑剔、极强执行力。我们在很短的时间内，就通过自主报名、学校老师推荐、筛选，选出了来自贵州师大、湖南师大、长沙大学、湖南女子大学的6名学生主持人，4男2女。

为了配合整个国际化的概念，我启用了两个非常不错的年轻的英语很好的见习或者实习助理导演。他们非常棒，一个是在北京外国语大学读研的郭瑶，由她负责整个文字方面的把关，文字方面的创作全部由她一个人挑起了大梁；还有一个刚刚从上海回来的非常年轻的现场导演叫张弩，负责开幕式晚会以及与所有国外乐队的对接。这些年轻人的加入，让我们的团队活力更足。

开幕式表演是38支团队全部亮相，真正演出的只有32支，全部是国外的，31支团队加上马克·力文。闭幕式是各个少数民族团队加上香港地区的7支乐团，再加上我们从开幕式节目、巡演节目当中选出的7支优秀的国外乐团，再次在舞台上精彩呈现。当然表演的是跟开幕式完全不一样的歌舞节目。再就是哈利路亚厅、天下凤凰剧团的4个经过一年时间精心编排创作的节目，文艺节目表演中间穿插7个奖项的颁奖，这就构成了闭幕式。

我的助理导演，一个是开幕式的导演，一个是闭幕式的导演；然后负责制片主任的是一个导演加上篝火晚会的主持人；舞台施工是由我们公司的一个副总邵铁江负责的。这都是合并使用的，很多项都是合并的。他们在很短的时间内做出了巨大的吉他形舞台，有吊脚楼，有小桥流水。特别是小桥流水，那是他们在两天时间内组织10个工人，48小时通宵达旦加班完成的。别人做这个水池大概要多长时间呢？一个月。我们团队是在最短的时间内，能够最快地进行反应的。而且大家的配合度，对晚会活动的热爱程度，都是无可比拟的。这其中的原因，在于大家彼此之间的熟悉和默契，还因为大家都很年轻，都充满了活力，他们也需要社会、需要大家的认可，需要这样的机遇进行锻炼。同时，也是给自己一个肯定自己、检验自己能力的机会。

对于我，整个项目总的统筹人、总导演、总负责人来说，我的任务就是查遗补漏，充分发掘每一个人的潜能，每一个人的能动性，调动每一个人积极性，甚至是抚平他们心里面的不平衡。谁做多了谁做少了，谁又怎么着了，你得安抚他们的小情绪。在一个团队里，小摩擦是永远都会有的。在时间比较长，大家都很辛苦的情况下，包括我，也经常会骂他们、批评他们，用很严厉的语言批评他们。2011年9月1号团队在张家界集结，2011年9月5号全部导演和摄像师入驻。我从长沙调了20个摄像师，加上后期制作，前前后后光导演组这一块的人数就将近50人，每天都要开会、分工、安排任务，分组开会、集体开会，还要表扬和批评，他们之间经常发生一些吵吵闹闹的事，但给对安抚也就过去了，一个年轻的充满活力的团队，做好总的协调人，就能让他们发挥出更大的效力来。

我经常在微博里批评他们之间的争执，希望大家都能够在最短的时间内做出最完美的东西，然后在最短的时间内，尽量扬长避短，把最好的做到最极致，让国际友人、让国外团队、让来张家界旅游参观的这些游客们，让主办方的文化部、湖南省政府、湖南省文化厅以及张家界市政府，以及执行承办方、组委会的所有人都能说我们是好样的，而不要说我们是有问题的。只要发现问题，我们一定会在第一时间内调整解决，把问题在萌芽阶段就解决掉。

欧阳国忠：这是一个执行力非常强的团队。其实一个大型活动有两个方面的难点，一个是内部团队管理，因为牵涉到50多人的导演组，每个人都有自己个性化的东西；还有一个更大的难点，那就是因为牵涉的部门很多。

宾颖超：非常多。

欧阳国忠：文化部、文化厅。

宾颖超：谁都可以做我的领导。

欧阳国忠：在内外夹击的过程中，如何做好总导演总协调人，你的经验是什么？

宾颖超：我的经验是这样的，第一，我们一定要进行前期的开会，认真分析，然后用表格式管理和人盯人式管理，这是我的两大法宝。我对任何事情一定是每一个人都要落实到位，而不是多头管理。比如一个事情交给三个人管理，这个事肯定搞不成，交给两个人管理这个事一定会出事。哪怕就是一个学生都可以交给他管理工作，因为这个时候一定能够激发他的被信任感和责任感，当然前提条件是必须具备承担工作的能力，懂得查漏补缺。此外，一定要有两到三个人配合你，督导整个项目的进程。一个活动会由一个框架组成，比如我有学生组主持人的组长，我有舞美组的组长，我有巡演组的组长，同时我也有三场活动导演组的组长，这个就是组长负责制。在这样的情况下，汇报来的声音必须是一个归口，绝对不能多头传播。在我们整个导演组，就由一个人就负责通知所有的人，比如什么时间开会，什么时候去哪儿，什么时间干什么，那么他就是代表，来与我这个总导演对接，来跟大家布置时间、地点及集结。第一项工作，我都要求有一个总负责人，由他来全程管理跟踪。也许这个负责人会有各方面的小问题，但只要他认真负责就没关系，发现问题，我们会协助他及时调整，这也是一个成长的过程。

伴舞：5678舞蹈工作室 齐舞空间

6. 乐队表演《追梦》

清华大学格子衬衫乐队

7. 合唱《Billie Jean》

金钟选手 人声失控组合

8. 乐队表演《人生》

台北海洋技术学院

第二章节——青春篇

全世界所有的年轻人都拥有青春，在青春里，我们充满激情地奔跑，在青春里，我们自由地歌唱。是青春让我们快乐而幸福地成长；是青春让我们有了放飞梦想追求理想的激情与冲动；是青春让我们增添了抒写历史创造辉煌的胆量与勇气。

在青春篇中，结合大运会，将充满活力的"运动"融合进来，如跑步、游泳、篮球等。运动中奔跑的脚步，流下的汗水，都是我们青春的体现。

沙画表现形式：青春是活力，是运动。沙画先取大运会徽标，接着取大运会中各项运动竞技的画面，田径、球类、游泳、体操等标识性强的运动项目，再取汗水和欢笑汇聚在一起，加油、鼓劲、喝彩、雀跃的画面，以展现青春无限，活力无敌的意境。

节目内容：

9. 播放沙画VCR短片 中学生合唱《Abanije》

深圳红岭中学合唱团

10. 李健独唱《传奇》

清华才子李健的《传奇》是一首大家耳熟能详并且风靡全场的歌曲，李健悠然绵长的唱腔和嗓音必将引动全场齐声同。

伴舞：5678舞蹈工作室 齐舞空间

11. 播放青春单元VCR

12. 合唱《梦的乐章》

深圳大学火柴天堂组合

13. 弦乐四重奏《康康舞曲》

德国柏林洪堡大学乐队

伴舞：5678舞蹈工作室 齐舞空间

14. 合唱《最长的时光》

韩国高丽大学组合

第三章节——友谊篇

真挚的友谊，使人生充满了热情。伟大的友谊让青春变得更加丰富多彩，更加的有意义。世界各地的朋友们，追寻着友谊，追寻着快乐而走到了一起，用音乐和快乐架起了一座连接彼此的友谊之桥。

沙画的表现形式：一个人出现，伸出手邀请第二个人；两个人手牵手，邀请第三个人……人越来越多，手牵手，笑脸。由零散到汇集，谈心、唱歌、跳舞，最后汇聚成友谊的浪潮。

节目内容：

15. 播放沙画VCR短片 中学生合唱《我将跟随他》

深圳红岭中学合唱团

16. 乐队《飞》

金钟选手0755乐队

17. 播放友谊单元VCR

18. 合唱《为你疯狂》

俄罗斯秋明国立石油天然气大学乐队

19. 独唱《我和我的祖国》

香港中文大学 黄家骏

伴舞：5678舞蹈工作室 齐舞空间

20.合唱《斯卡布罗集市》

英国剑桥大学乐队

第四章节——世界篇

本篇章将之前的 梦想、青春、友谊汇聚在一起，将"世界"这个主题突显，是整场晚会最高升华。

沙画表现形式：人们陆续汇集，友谊之桥的出现，沟通了世界不同地区的朋友。桥是五线谱的化身，人们就像音符。桥演化成深圳大梅沙海滩，音乐跨越了国界、肤色和种族，成为沟通的桥梁，连接起世界。

节目内容：

21.播放沙画VCR短片 中学生合唱《让世界充满爱》

关畅 深圳红岭中学合唱团

22.乐队《加州旅馆》

闻风民乐团 金钟选手崔楠

以中国民族乐器，如扬琴、芦笙、琵琶等，倾情演绎闻名世界的经典曲目，新颖的形式与完美的演奏，诠释中国民族乐器与国际名曲的无缝对接，将全场推向一个小高潮。

23.播放世界单元VCR

24.男女对唱《青春大概》

北京大学 康闰哲 郑超群

伴舞：5678舞蹈工作室 齐舞空间

25.Hip-Hop《串烧 Will You Be Remembered + Rings of Saturn + Airplanes》

康奈尔大学 Kinetic & One Love 组合

伴舞：5678舞蹈工作室 齐舞空间

26. 爵士表演《南非音乐串烧》

南非开普敦大学乐队

27. 合唱《四海同心》

韩炜 王雯 深圳红岭中学合唱团 所有十二所大学的演员

一首脍炙人口的歌曲，现场配合大型舞蹈，全场观众齐声高唱，将晚会再次推向高潮。

八、尾声

许愿仪式：伟大的愿望

音乐会结尾部分，将进行冷焰火的首尾呼应，嘉宾将装有各国乐手愿望的许愿瓶放入启动装置。与此同时，借助舞台与愿望塔链接的烟火轨道，发射飞火流星，点燃愿望塔的冷焰装置，届时一条环形的烟火带环绕至塔尖，环形灯环绕愿望塔逐渐亮起，当亮至塔尖时，顶部烟火绚烂绽放，将音乐会推向最高潮。热情的观众，浪漫的海滩，灿烂的烟火交织在一起，为东欧交流年、为大运会、为金钟奖都呈现出一幅美丽画面。

同时，这个充满了各国来宾各种美好愿望的许愿瓶将被收藏于深圳大梅沙愿望塔的顶端，作为友谊之桥的永恒见证！

第八章 如何策划好新型大活动

"超女"为何自生自灭了？

85岁的米老鼠为啥还能跟我们玩得如此开心？

学校里能否培养出活动人才来？

他经历了"超女"的全盛时期，他离开老东家天娱传媒另起炉灶，他打出了"新活动"的口号，他带着他的"新活动"在行业里异军突起，成为活动行业的领跑者，他就是新活动的掌舵人——王伟。

本章主题

中国是一个活动大国，活动无处不在、无时不在。政府需要活动来刺激经济、发展旅游，企业需要活动来提升品牌、促销产品，传媒需要活动来吸引眼球、扩大影响，人们需要活动来了解世界、娱悦生活。活动影响着中国人每一天的经济与生活，这一块巨大的蛋糕引来了无数人争相品尝。然而，鱼龙混杂的活动市场亟需整顿与规范，怎样才能运作好活动，怎样才能让活动发挥出其应有的价值，活动行业该如何规整，本章深度对话活动领军人物王伟，用新活动传媒的实战经验为读者解读如何做好活动、如何让活动发挥价值。

人物介绍

王伟，新活动传媒董事长，国内知名媒体运营专家及大型活动策划专家。

对话王伟：活动产业的整合与发展

被访人：新活动传媒董事长 王伟

访问人：环球活动网董事长 欧阳国忠

新活动三大法宝：延续性、话题性和互动性

欧阳国忠：大家都觉得新活动就是整个业界异军突起的一匹黑马，尽管公司成立不久，但在全国各地的活动已经风生水起了。当初创办的时候，为什么加一个"新"字？

王伟：加这个"新"，当时取公司名字没有太多考虑，但现在看来，这个"新"加得挺好的，它有很多解读。

欧阳国忠： 崭新的力量，开辟新格局。

王伟： 有了这个"新"字，读起来很顺口，更加铿锵有力。仔细一思考，觉得"新活动"确实更有内涵，更具有时代感一些。人类社会一开始就有活动，活动的历史非常古老，活动的本身就有很多内涵，比如政治活动、社会活动等各种活动。我们就想，把我们要做的，干脆定义成新活动，有别于政治活动、社会活动和人类的其他活动。

欧阳国忠： 你是怎么界定这个新活动呢？

王伟： 我觉得，应该是一种新的传播方式和新的活动理念，操作上的理念。新活动是正在一种传播、推广的过程。借助活动的平台来整合资源，来放大和传播活动的效果。特别要借助新的现代媒体和新的技术手段。

欧阳国忠： 就是说，你们新活动传媒秉承的是新的理念，核心的内容是什么？

王伟： 我认为，新活动的核心就是"新"，"新"赋予了活动的时代感。举一个容易理解的例子，我觉得微博就是一个很好的活动传播平台，实际上，公司成立的时候，微博工具还没有出现。新活动要有别于传统活动，就不能有空间的限制和时间的分割。新活动，应该是充分运用现代技术手段，让活动不仅具有现场感，也可以无限地延伸，延伸到世界的每一个角落。现在微博就能做到这一点，微博的根本方式就是聊天，非常简单。咱们以前只能见面聊、电话聊，但是微博呢，我们可以在不同的地方，不在同一个时间，可以打个招呼，问个好，分享快乐。我觉得这种技术未来会更多地运用到活动中间来，通过现场的活动，通过媒体资源的整合，把这种快乐，把这种活动的理念传递出去，这就是新活动的理念。

欧阳国忠：是否可以说，你的管理理念，很大程度上关注对活动的传播、放大？过去，包括现在，很多的活动，都在自娱自乐的层面上。

王伟：活动本身不应该停留在自娱自乐的阶段，特别是在营销时代。活动本身，现场是有限的。鸟巢能坐八万人，天安门广场能容纳五十万人，最多就百万人了。但是，如果我们能够通过新兴的媒体和传播力量，把它放大出去，可能就会有十几亿人在与你共同分享活动带来的快乐，分享你的成果。这样一来，它的影响力、传播力就自然放大了。

现在大家都在谈文化产业，要将更多的传统文化发扬光大，活动其实就是一个很好的载体。我们不能把活动定位在自娱自乐上，而要学会借力打力，放大影响与传播力度。我们为什么说新活动要比传统活动好呢？因为新活动不像生日派对，局限于自己的小圈子。比如一个城市办个庆祝酒会，本来纯粹是为了新领导的到来而办的，但我们完全可以变成以城市营销为目的，借助现代媒体把它放大出去，兼顾各方利益，发挥了活动让多方受益的价值来，这就是新活动的一举多得。

我个人觉得，活动作为现代传播、品牌的打造方式，应该是以活动本身为基础，然后进行大范围的宣传。以活动为平台进行全方位的打造和造势，包括进行广告的投放、整体的宣传、营销推广和品牌包装。这样一来，成本会小得多，效果却会大得多。

我们可以花几个亿去中央台投广告，我今天看了这个广告，拍得很好，这种好，更多的是从艺术上、专业上对这个广告进行的评价，这种评价，评过则止。但是，如果我今天看到一个活动，感觉到这个活动很有创意，这个时候，我就可能将这个活动传播给同行、朋友看。这个二次传播是很重要的，因为活动现场的观众有限，影响力也就有限。新活动，更侧重于通过媒体尤其是新媒体进行传播，通过观众们形成人和人之间的互动，进行了再次传播。再次传播的力量更重要，就像做传销一样，无限地放大下线会以几何级数增长，不得了呀。

所以，新活动的重点是挖掘一个新媒体放大的作用。我们的新活动通常有三个指标：延续性、话题性和互动性。

关于延续性，现在某些活动就现场搞一个小时，现场结束了，活动也就嘎然而止了，这种没有延续性的做法值得商榷，没有延续性就没有影响力，就不能大范围地传播。就像湖南卫视的《超级女声》，每一届都连续搞了几个月，其间每天都有活动的相关资讯发布，每周末都进行连续几个小时的直播，慢慢地，影响力就出来了。它的连续性还不限于此，今年搞一届，明年继续搞一届。即使第一届可能没有什么影响力，你搞个七届、八届，观众对这个活动就有了期待了，这个活动就是品牌活动了，影响力自然而然地出来了。

然后，活动还得有话题性。你办一次活动，找几个明星，例如请宋祖英来唱首歌，如果某个观众跑上来熊抱了宋祖英，尽管有各种说辞，但话题就来了。当然，实施的过程中要注重诚信，不能刻意而为之，但一旦遇到这类情况，要有敏锐的洞察力，及时捕捉，及时发挥。因为老百姓就是希望有点话题、有点笑料，可以让他们茶余饭后消遣。在举办活动时适当地注入些概念，合理地制造些热点，注重活动的话题性，扩大活动的关注度和影响力，是需要职业功底的。

第三，就是互动性。这个互动要涵盖台上台下的互动、媒体和社会的互动、企业与主办方的互动等。这些互动加深了活动各方的参与度，自然就让他们成为了传播体，成辐射式传播开去，活动的魅力就在于此，不仅让参与者体验到活动本身的乐趣，而且能让他们自动自发地为活动做活广告，扩大活动的影响力与传播度。

专业化、产业化是活动品牌持续发展的两柄利刃

欧阳国忠：如你刚才所说，新活动的内涵更加丰富了。

王伟：这几年，我每年都会考察一到两个地方。威尼斯、伦敦，包括美国及北美的一些城市，我都去考察过。威尼斯的狂欢节，伦敦的奥组委，美国的迪斯尼和美国职业篮球赛，美国职业篮球赛本身就是个活动，还有北美的一些经济活动公司。

我发现中国和国外的活动公司有着很大的区别。中国的活动公司大部分规模小，团队力量单薄，都是一群从电视台或者广告公司出来的人在挑大梁。而国外的活动公司规模大，具有完备的人力资源的架构，他们的专业性与职业程度，比我们高了很多个台阶。

从活动的创意、活动的规划及活动的操作，再到后续的运营，它是一整套的体系，是一个系统工程。国外的活动由不同学科的团队整合而成：营销团队、运作团队、创意团队和技术团队等，这些团队都非常的专业。这些团队平时分散在不同的公司，具体到一个大型活动，一下子就整合到一块来了，各个团队之间的合作进行了快速的无缝对接，马上就能形成一个项目组。前年，在英国，我专门考察了他们的情况，他们也成为了我们新活动的合作伙伴。上一次深圳大运会投标的时候，我们就有过愉快的合作。跟他们一起工作了半个月，感受非常深刻。

活动公司在伦敦成千上万家，一个活动公司通常就三五个人，就一个老板、一个司机，一个秘书，一个财务，就这么几个人。这些公司之间有竞争但更多的是合作。不像在中国，大部分的活动公司仅靠某一个领导拍板，最后把政府或国企的某项活动随便弄下来，然后就搭个台、唱个戏，糊弄完事，收钱走人。伦敦市政府的活动都是公开招标的，某个活动公司决定投标，他招集合作伙伴开会，导演、技术人员、设计师等就都整合来了，确定好投标方案及方案中各个合作伙伴的分工以及各自分解任务的价格。一旦活动公司中标，接单，大家都有生意了。通常这些老板都很专业的，本身就是业内有着非常成熟操作经验的专业人才，相当于制片人。不像我们国内的这些老板们，只会去谈生意，谈完后就丢给下属，自己无法驾驭活动本身。伦敦的这些活动公司的组织模式很值得我们深思和借鉴，这是一种全新的活动模式。

像威尼斯狂欢节，是一场盛大的城市营销活动。威尼斯的狂欢节主办机构，并不是政府部门，政府只是每年补贴给这个机构500万欧元。这个公司利用这个活动平台围绕狂欢节进行系列的市场开发活动，并且是上市公司，它的各个团队都分工明确，系统而完备。

我们新活动就计划向威尼斯狂欢节取经，以这种模式的方向为自己的探索发展方向，未来会策划自己城市运营的品牌活动，然后围绕这个活动，我们进行系统的、立体的、深入的开发。

美国的迪斯尼让我印象深刻。迪斯尼最早的产品就是一部动画片，主角是米老鼠，它慢慢地从一个米老鼠开始能做成一个动漫帝国，主题公园是这个帝国的衍生产品，并且迪斯尼的主题呈现主要以活动为主。米老鼠活下来了，85岁高龄仍然朝气蓬勃、活力四射，仍然是孩子的好玩伴，衍生产业包括迪斯尼主题公园，其生命周期也得以延伸了，这很值得我们深入地思考和学习。

咱们再看看国内的情况，就说说《超级女声》吧，超女没有衍生的东西，因为缺少风险资本的介入、缺乏专业的商业开发。超女的游戏可以搞吧？超女的主题酒吧可以搞吧？超女的品牌服饰可以搞吧？如果有这些衍生的产业能够发展推广开来，广电的一纸限令只能停掉你的电视节目，而衍生产业是停不掉的，会拓展出一片更广阔的市场空间来。

欧阳国忠： 听你这么一说，新活动的概念是从国外引进的。据说欧洲有一个公司，一年做300多场活动，平均一天能接一场活动。

王伟： 没问题的。我参加过欧洲的好多活动，他们上午一场、中午一场。欧洲的活动公司配备专门的活动专业车，这种专业车设计巧妙，到达指定地点，打开液压装置以后，就升出巨大的舞台，往上继续延伸，灯光音响全挂在上面。活动结束再一合就是一台车，马上可以开走。等我回到国内，就去找相关的重工企业，让他们研发这种车，这种车很方便，很环保，很实用。

就说我们新活动吧，现在也做了一百多场活动了，我们等于一周两场。

欧阳国忠： 在国外成熟的活动公司的日常经营里，他们把常规的操作科技化、标准化、流程化了。而国内的活动公司，现在还处在比较原始的操作方式上，每一个活动，都要重复搭台和拆台。包括演唱会也是这样的，包下一个体育场馆，整个灯光舞美全都搭起来，演唱会结束，又把它拆下来。没过一个星期可能另外一场演唱会又开始，再重复一次相同的工程。

王伟： 对。我们给政府做晚会，一个舞台可能花费少则两三百万，多则上千万。搭建刚刚完成，晚会一结束，马上就拆掉，这种做法很浪费。国外就不是这样，完全是标准化、流水化、工业化生产的。甚至活动策划都是这样的，我们做大运会的开幕式创意投标，我们的合作伙伴是英国的公司，奥运会伦敦八分钟的总导演就是这家公司的。我们以往自己搞一个小活动的创意，可能要十几个人，可能要搞一个星期才能搞下来，像那么大的创意，他们公司就四个人，一个制片，一个总导演，一个搞绘画及设计的，然后还有一个搞文案。我们一起讨论三天，就把大运会开幕式的创意呈现出来了。

首先，我们阐述需求，然后他们总导演和制片就讨论了一会儿。他们制片可不是打杂的，能力很强，专门负责组织实施。然后，再就整体的设计框架与那个设计人员交待清楚，就开始出创意。搞设计的那个人就开始绘图，画模拟现场，设计场景。这个场景绘制得很形象，让你看得清清楚楚。如果大家提出修改意见，就立即进行修改，他立马又绘制出来。这个方案两三天就出来了。而我们以往就不是这个样子，几个搞文案的，对这个行业根本不了解，凭想象、拍脑袋、闭门造车。理所当然，这样弄出来的东西完全不接地气，反反复复地修改，可能半个月才搞出一个像样的东西来。

从深圳回来以后，我就开始反思、整顿和改造，现在我们的效率就快多了。原来我们做一个活动的团队，可能需要50人，现在只需要10个人。

欧阳国忠：国外的活动和国内相比较，它的创作是有规律可循的，社会化、专业化、流程化、标准化，就如同好莱坞制作的电影。在国内，是一种不专业的随意化，或者是闭门造车的生存形态，还没有形成一种成熟的模式，这就是差距。

刚才谈到了《超级女声》，然后又谈到新活动，这是一次跳跃。超女在全国引起了很大的轰动与关注，表现出一种电视领域品牌的创造力。但这个品牌很脆弱，最后趋于消亡。作为《超级女声》节目的创始人之一，你觉得这个案例给我们带来了什么样的反思？

王伟：我有一本新书，叫《文化产业商业模式创新》。我在这本书里谈到，迄今为止，超女还是一档最成功的电视节目，同时，它也是一个最失败的文化产业开发的案例。它已经有很好的一个品牌了，但是却没有进行深度的产业开发。

我们现在谈中国的文化产业。我觉得文化本身是没有办法产业化，文化是个虚的。广播、电视、报纸，我们能把它变成真正的产业吗？真正的产业化，得让文化找到一个载体，通过文化的力量，提升传统产业的价值，这是我理解的文化产业化的内涵。

超女最失败的地方就在这里。电视节目仅着眼于赚广告费，衍生产业开发完全被忽略，根本没有着手去做相关的工作。就像迪斯尼，如果把米老鼠只用来卖碟片和赚票房，不去开发迪斯尼现在的主题公园，迪斯尼还是现在的迪斯尼吗？文化产业的开发，文化是华丽的外衣，只有把它穿在有血有肉的实体产业的身上，才是真正的文化产业的模式。国家在号召产业转型，而我们，作为文化产业的经营者，更应该抓住产业转型的东风。在中国，只有品牌产品，没有品牌文化。一个LV的包，从制作材料和工艺的角度，它和我们广东那边的工厂生产的相同材质的包是一模一样的，但为什么人家卖一万，你的只能卖一百？问题出在哪里？这就是赋予品牌的文化内涵在里面起的作用。在这方面，给大家带来的反思和启示是最大的。

欧阳国忠：当时，你们在运作"超女"的初期，其实也有很多的设想。这些设想为什么没有被重视并很好地实施？

王伟：这一个是体制的问题，在一个相对封闭的系统里，大家往往只重视现在，不考虑未来。我的任期就是五年，五年以后如何，和我关系不大。急功近利的倾向严重。另外一方面，超女是一档电视节目，广电系统的领导认为把电视节目做好就行了，广电干实业，就会被批评为不务正业。体制的限制造成的遗憾。所以，需要改革，需要打破体制下的条条框框，只有这样文化产业才有美好的未来。

欧阳国忠：在"超女"话题炒得火热的时候，当时也进行一些文化产业化的尝试。比如说出唱片、搞巡演，甚至也出过超女娃娃。

王伟：出唱片、搞巡演是由天娱来做，超女娃娃是通过品牌授权，由金鹰卡通做的，围绕超女的产业开发的力度显然远远不够。要发展文化产业，一定要以实体的产业为基础。缺乏实体的支撑，文化产业是没有办法做大做强的。与国际先进国家的活动企业相比，差距巨大，主要体现在人才的专业化程度不高、从业者的经营理念还很简单。

起步阶段的中国活动产业亟待整合

欧阳国忠：就是说，目前中国的活动产业的发展还处于初级阶段。该如何定义这个初级阶段？对未来有什么展望？

王伟：在中国，现在的活动公司，靠关系不靠专业。只要有个关系我就可以接活了，搭个草台班子也敢去唱戏。活动的质量、活动的效果呢？可想而知了。实际上，做好活动，高质量地做好活动，需要非常专业的技术。例如，一个城市的营销活动就需要一个非常长远的规划，要综合考虑城市的历史、现在和未来，要把活动融入到这个城市发展的过程中，要通过一系列的活动张扬这个城市的文化，还要考虑到活动如何后续发展，最后才是这个活动该怎么表现，该怎么运作，该怎么经营。

中国搞活动的公司太多了，市场环境良莠不齐、鱼龙混杂。这几年我们做得不容易，但是我有信心，迟早会有规范的一天。城市营销，企业营销，越来越需要专业化、规模化的高水平的大公司去做。因为需求方政府和企业的领导在进步，他们更加重视活动的质量、传播和影响。客户也有一个学习的过程，有了教训，才会更理智。凭关系找来一个草台班子，小则在活动现场就有群众喝倒彩、砸场子，影响和谐和安定。大则从长远来看，低水平的活动，没有任何的传播和影响，达不到城市营销的目标要求。在这个时候，城市的领导们就会明白，必须找专业公司。

在不久的将来，可以预想的是，激烈的竞争会使一些小公司撑不下去，自生自灭。还有一种情况，资本市场介入进来，就会出现一个并购的浪潮。然后慢慢形成活动的专业化的大型公司。

未来在中国会产生两种类型的活动公司：一种类型是专门做服务的，专业化分工很强的服务，就是你有活动我来帮你，做完了跟我没关系了；第二种类型是拥有自主知识产权品牌的公司，往深度发展。未来几年，还会诞生出标杆型的公司来，毕竟市场的需求很大，为标杆型企业的产生提供了生长的土壤。

欧阳国忠：现在国内的活动产业里面，包括两个方面：一个是活动的主办方，一个是活动的执行方。

活动的主办方，目前处于混沌的状态，诉求不明确，缺乏可操作的判断好坏的标准。所以，在这个产业里，需要有优秀的活动公司做出更有影响力的活动样板，有利于这个市场走出混沌，并促进行业的发展。对于活动执行公司而言，现在小而全，因为进入门槛看起来很低，所以造成了整个活动的行业处于一个非常低级的水平线上。

我认为，活动也是柄双刃剑：做得好，它会迅速提升一个企业、一个城市的品牌美誉度；做得不好，将会给一个企业、一个城市带来负面的影响。

新活动传媒，是从超女电视化操作的过程中走出来的公司。实际操作层面的专业化是可以保证的。电视人做活动，应该是最有资格的。目前有一个问题，大量的活动公司是从广告公司演变而来的，对活动执行的细节没有太多的经验，他们还会不断地犯错误，会给客户带来伤害，同时他们也会总结、整合、提高。所以这个行业有一个洗牌的过程，你觉得大概需要多长时间？

王伟：三五年吧，应该能清理掉一批滥竽充数、不思进取的公司。

欧阳国忠：我们新活动传媒已经有三年时间了，目前每年承接的活动量是多少？

王伟：我们今年过亿了。最多的时候，我们同一时期有三四场活动。

欧阳国忠：同时进行三四场活动，怎么做到调配自如？

王伟：我们有四支队伍，就是说可以同时操作四个活动。

通常一个队伍做完一个活动以后，休息一段时间，几个星期吧，再让他们进入到另外一个活动。超大型的活动就几支队伍同时抓。

欧阳国忠：三年来，你觉得最有代表性的，或者说最有感觉的活动有什么？

王伟：从影响力来讲，要数国际道家论坛，特别是开幕式，让人非常震撼。道教文化玄妙高深，如何才能做到深入浅出，通过现代的手法把它展现出来？这真是很有难度的。我们通过通俗化、生活化的阐释，做了一些尝试，效果很好。宗教文化，不是特别好传播的，我们通过从文化的角度，从亲近自然的角度，寻找一些点来阐述，给媒体宣传找到了一个比较好的新闻点。

整个的活动都是原创的东西，影响力是非常之大。而且，这次活动在延续性方面提前就做好了规划。比如，我们在一个寺庙进行的活动，从一开始，会做一个开放的大型的演唱会，接下来是新年祈福音乐晚会，后续的活动，还有佛诞日等，我们还会在这个寺庙推一些法会出来。这样，一系列的持续的为这个寺庙建设量身定做的活动，就形成了持续的影响力。

欧阳国忠：刚才你举的这个案例，是把一种比较难于传播的东西，得把它通俗化、生活化，然后再去进行传播。还有一点，就是要把活动系列化，不断地延续下去，给活动举办方创造持续的价值影响。

王伟：对。活动的成功，从策划到传播，到后续的系列化，都需要认真规划。

我们今年给福建的一个景区做一个土楼文化节推广活动。原本他们只想做一个启动仪式，考虑到它是这个景区全新的产品，土楼是一个很好的东西，大家知道得很少，我们就给他做了一个项目推广的整体策划，把活动的影响面延伸出去，延伸到全球的范围，他们愉快地接受了。根据我们的策划，第一个活动是全球范围内的取土仪式，在洛杉矶、温哥华、伦敦、荷兰等几处地方取土，最后把土都汇集到土楼这里来，专门筑了一道墙。海外相关城市媒体、福建当地的媒体全部到场，我们还通过网络媒体进行了宣传。此外，还有盛大的开幕仪式，后续我们又策划了一些走出去、请进来，再走出去的循环演出。这一系列的活动现在还没有结束，景区的土楼文化影响力已经完全呈现出来。网络的报道，现在已经上百万条了。

欧阳国忠： 通过策划，给活动注入一个意义，给媒体制造一个传播的内容，最终的目的是给这个旅游景区带来人气和收入。

王伟： 对。

全媒体是活动公司发展的必由之路

欧阳国忠： 作为活动产业领域的领跑者，你认为活动公司未来的发展趋势会是怎样？包括新活动传媒自身的发展方向。

王伟： 活动要办得好，就需要对媒体资源进行整合，媒体对活动的重要性不言而喻。由于相关政策的限制，现阶段民营企业还不能办传统媒体，这是一个很大的遗憾。放眼未来，活动公司就是需要成为一个全媒体，通过活动的内容来整合全媒体。什么叫全媒体？不是说你有报纸、有电视、有网络就叫全媒体，你还必须实现内容的整合，商业模式的整合，技术团队的整合。综合以上各方面才能叫全媒体。

未来，活动公司要么被媒体收购，要么活动公司去收购媒体，往全媒体方向去发展。

欧阳国忠： 新活动传媒作为一个媒体整合的大品牌，具体到明年，我们会有什么发展的设想？

王伟： 明年，我们进行文化产业实体的投资，以活动为载体进行开发建设。

首先，我们在国内第一家推出三人制篮球赛，这是体育产业的。第二，我们设想是要建设一个主题公园，这是一个长期的计划，今后每年都会进行投资。第三个设想，我们的礼品公司已经启动了，已经运作了，要进一步壮大。第四个设想，就是办好旅行社，旅行社现在还在筹备中，有一个人在负责。

我们的礼品公司，主要是深度开发节庆礼品和旅游礼品。明年，我们还会有一个设计大赛，就是设计师的一个征集大赛，在全国选拔设计师，这一点与"超女"的运作方式类似。我把设计师选过来后，进行礼品开发。

以活动为依托，进行实体产业的开发，实体产业开发的同时，我们也会加强我们网站建设，创建我们自己的新媒体，每年几百万的投入，有十几号人在做。我们现在也在尝试与湖北一家电视台进行合作。跟传统媒体合作，我们态度谨慎，害怕一旦投出去以后，风险不可控制。先不说政策，就是人事的因素，也会有被清盘的危险。但是我觉得，这一道坎儿是必须迈过去的，合作的模式可以慢慢地寻找，要有耐心，认真思考，不能急躁。

欧阳国忠：现在国家的政策，要把中国做成文化强国。这个信息对我们做活动的公司应该是好事情。

王伟：肯定是个好事，必须要予以重视。政策的倾斜，会带来资金的倾斜。有这两个倾斜的话，人才就不愁了，会吸引到很多行业的精英了。管理人才，资本运作的人才，营销的人才，你都能够招聘到。有了人才，行业景气，政府就会出台更好的政策，并且吸引更多资金的注入，这个行业就进入到良性循环进程中了。

培养人才是行业壮大的必由之路

欧阳国忠：对于活动公司，或者整个行业来说，目前最缺的是什么？

王伟：最缺的是人才，人才是第一位的，没有人才，光有资金是没有用的。

文化、传媒行业目前最缺乏营销类的人才、管理类的人才，以及既懂市场又精通资本运作的复合型人才。我们现在只能用高薪的条件到别的行业去抢。

我目前好多业务都没有去接了，是不敢接，我操作不过来，因为我认为与其做不好砸牌子，不如放慢脚步，慢慢来。

我培养一支队伍，需要几年时间，不是说一天两天就能培养出来的。现在快一点了，因为我们把工作流程化、标准化了，我们有执行手册。新来的员工看一看执行手册，基本知识就知道了，但还需要经过很多活动的历练，才真正能够独当一面。

现在，还没有哪所大学有关于活动的专业学校教育，与社会需求脱钩。当然，学校教育出来的应届毕业生动手能力、操作能力，都会有问题。

人才团队建设任重道远。我现在成立了一个"活动研究中心"，把实习人员全拉到策划现场、活动现场去，让他实际参与，动手操作。我不知道这是笑话还是对我们的褒奖，在我们公司实习过一个月，辞职出去，到其他公司能立马被聘为经理，只要说在新活动干过的，肯定是免面试。

欧阳国忠：你们公司成为活动产业的黄埔军校。

王伟：对。这一点不需要谦虚。不限于湖南，放眼于全国，活动行业的人才培养，我应该是贡献最大的，从天娱传媒到新活动传媒，我培养了几百号人了。从我们这里走出去的，很多在各大电视台做节目总监和制片人了。

欧阳国忠：活动产业如何做大做强，最核心要解决的是人才问题。

有一个统计：财经记者，从实习开始平均需要要八年才能独当一面。培养一个专业化的活动执行团队是需要一定时间的，这个时间周期要多久？

王伟：现在我们摸索了一些套路，三年的时间就能带出一个很好的活动执行团队。

选人很关键，这个人悟性要好，基本素质要具备，有培养的价值，具备了这些条件，最多三年，可以让他独当一面。

缺教材是很大的问题。国内像《大活动　大营销》这类活动类专业书籍太缺少了。大学教授写不出来这种书。

第二个问题，缺实战的机会。例如在电视台，实习生不会让你上真正的节目现场，不会给你机会。

第三个问题，缺吃苦的精神。干这个行业是很辛苦的，2003年，我们出去做活动，我都亲自扛地毯。现在很多年轻人不愿意从底层做起，不愿意亲临一线，不愿意吃苦，这是一个问题。如果没有一线的亲身经验，等到让你独当一面的时候，碰到一个小意外就会让你手足无措。

此外，教材如何编写？如何解决新进员工的实习问题？活动人才的训练模式问题，这都是课题，都需要深入研讨和探索实践。

欧阳国忠：你刚才也提到活动的工作执行手册，根据活动的实际操作经验进行归纳总结，在国内也算是很稀缺的。如果能结集出版，对推进整个行业的进步是有好处的。

王伟：两年以前，我就提出活动创造价值的理念。活动实操执行手册里面有我们这些年来的一部分经验和很多心得。当然，还有一些更核心的东西，从保护我们公司知识产权角度，就没有在执行手册上写出来。

实际上，我们做每一项活动，都会提前出一本该项活动执行手册。活动执行手册上面对活动的每个细节都标注得清清楚楚，非常详细。每个编导看了这个执行手册，就不会出太大的差错。

我们有很多的积累，在将来也可能做一些相关的书籍的出版。我们把它奉献出来，给大家参考借鉴。因为整个活动行业的水平提升了，对每一个公司的发展都有益。我从来不害怕竞争，有序的成熟的理性的竞争环境只能让我们更加健康、更加壮大。

欧阳国忠： 实际上，真正的核心竞争力是别人学不走的。

刚才谈到了在活动产业里面，如何培养和吸收优秀人才是第一位的。其次，我们谈到文化产业的核心是如何以文化活动为载体，开发出系列化的产品。

新活动传媒正在沿着这个发展方向做大做强，最终会成长为一个什么样的公司？

王伟： 以活动为核心的多元化全媒体平台，以活动为载体的文化类的实体产业集团。

欧阳国忠： 开始就谈到，迪斯尼是最大的一个活动公司。未来的新活动传媒，是否会以迪斯尼作为前进的标杆？

王伟： 是的。我研究迪斯尼的案例，从迪斯尼的成功中汲取经验。

在我们的发展规划中也有主题公园，也有礼品公司，也有媒体这一块。我们与迪斯尼并不完全相同，他们依靠的是卡通形象和动漫文化，我们依靠的是活动服务和活动品牌；迪斯尼的活动是后续的商业手段，我们的活动是从一开始就贯穿进来了，带动整个公司的发展。

我们会想成为中国的迪斯尼，但是，我们不一定能做到他们那么大。

欧阳国忠：今天，通过近两个小时的沟通，我了解到了一个充满朝气、积极向上、锐意创新的新活动传媒，学习到了很多有益的东西。

最后，我也衷心希望新活动传媒在您的领导下在这个行业里继续领跑，蓬勃发展。

王伟：谢谢。

案例　国际道教论坛(中国南岳)开幕式

尊道贵德　和谐共生
节目单

一、谋划

这是一次写意山水的绝美呈现。

群山为帐，清泉共舞，展天地间之大美。

这是一次步进深林几度感动的朴素情结。

古琴悠悠，带来远古的苍茫记忆；水墨丹青，勾勒彼时的美卷如画；袅袅余音的戏曲中，吟诵着和美的寿岳福韵。

这是一次抚摸岁月以此获寻生命意义的永恒归依。

身处自然之境，聆听清静之音，在远离喧嚣与嘈杂后，我们冥听内心深处最真实的感动。

这是一次缘自尊随生命初衷的仙界之旅。

跨越时空，千古大道唱着古朴的自然歌谣，穿越蔚然的绿色向我们走来。

云水潇湘，平沙落雁。钟磬轻叩，仙乐盈耳。

秀美的自然山水和深厚的道学底蕴让南岳成为了一道动人心魄的风景。它神圣得不可亵渎，却又美得这般绝妙，吸引着人们不远万里，栖息于此，享尽眼睛和心灵的慰藉。

如此灵逸气质，需要一双怎样聪慧的双眼，才能将这方神奇的土地看得尽然？倘若仅是一场美轮美奂的视听盛宴，那便不足以抒写道教文化圣地的神韵；倘若只是一次关乎宗教的虔诚解读，更无法展现这钟灵毓秀的自然之美。

"尊道贵德·和谐共生——国际道教论坛(中国南岳)开幕式"首次印象，邀您细细品读隐于洞天福地的大道情怀。

二、布局

开篇——众妙之门

"众妙之门"源自《道德经》的第一章，老子认为宇宙万物玄妙至极，唯有"道"才能洞悉一切，而"众妙之门"就是悟道的门径。"众妙之门"的开启，也寓意着我们将从此刻打开悟道的大门，与八方宾朋共同感受道教文化的博大精深和兼容并蓄。

三、开幕式议程

上篇——道法自然

当社会发展的车轮逐渐偏离生态和谐的轨道，人们开始反思，并试图寻找人与自然和谐共存的准则。人们发现，早在2500多年前，老子主张的"道法自然"，就是以顺应自然、万物和谐、协调世界为根本，而这一理念正是道教思想留给我们今天最重要的启示。

本篇章将通过时空回溯与对话的方式表达"道法自然"的核心思想，感受人与自然和谐相处之美，倡导人与自然和谐相处之道。

1. 多媒体演绎：《时空回响》

穿行于时空的隧道，人类的发展犹如一幅由远及近的画卷，一幕幕地展现在观众面前，同时，也把所有的观众带入时空的思索，而思索的主题就是"人与自然和谐共生的发展之道"。

2. 情景演绎组卷：《太极幻影》

宇宙万物的真谛是什么？"道"的使者化身为太极，于行云流水间让人顿悟：唯有静与柔，才是世界的本真，才能驱散所有的喧哗与浮躁。

3. 大型武乐表演：《仙山谣》

"山不在高，有仙则名。"道与山，历来渊源颇深。

仙山有道，外化南岳。它是浓淡相宜的水墨丹青，它是云雾缭绕的俊美群山，它是山间的号子，是大地的回响，是灵魂的吟唱。但无论形式如何变幻，"道"的精髓始终如一。

4. 多媒体演绎：《上善若水》

水，润泽天下，包容万千，水的品性正是"道"的深刻诠释。以水御道，感悟自然的玉洁冰清。上善若水，传递生命的和谐包容。

5. 大型多媒体舞蹈：《云水潇湘》

琴语与水流相和，有如高山流水觅知音的风雅。春去秋来，圣贤的睿智早已化作尘土，滋养紫薇片片缤纷，留得人世芬芳永恒。

中篇——德贵清静

"人能常清静，天地悉皆归。"道教认为，人只有淡泊名利，戒除贪欲，才能真正获得内心的平静和安宁。尽管和平与发展是时代的主流，但名利和喧嚣也在挑战人类的道德底线。在此背景下，道教关于"清静"的哲理光辉逐渐显露出来，并被包括西方世界在内的现代社会看作是当代生态伦理学的重要思想来源。

本篇章将通过传统与现代，喧嚣与清净的强烈对比，引导观众感受清静之美，清静之德。

6. 歌曲演唱：《问道》

众生问，何以得道？答曰：心平才能净四海，神安方可定乾坤。

7. 多媒体写意音乐剧：《德满人间》

先哲的音容在岁月的沉淀下渐渐凝固成永恒。一幕千年，张道陵、魏华存和司马承祯在南岳留下沁人馨香的同时，也在中国道教的宏伟史诗上抒写了浓墨重彩的一笔。

8. 器乐演奏：《静月思》

充斥耳旁的喧嚣与嘈杂，让原本柔软的心灵渐失方向。婆娑月影下，一曲清静弦乐和鸣如山间的清澈溪流缓缓而下，洗去疲惫，洗尽尘埃，传递出道家至静至清的思想。

9. 多媒体演绎：《天地与我同一》

天地与我并生，万物与我为一。

历经2500年的岁月洗礼，道家思想依然闪烁着智慧的光芒，引领着世间同道亲近自然，亲近自己，亲近和谐。

下篇——和谐共生

追求和谐是中华民族的核心价值，作为中华传统文化的重要组成部分，道教在许多经典著作中都体现了对和谐社会及和谐世界的美好追求。同时，和谐世界的确立，也是我们每一个人的共同心愿。

本篇章将在引发现场情感共鸣，感受东方文明博大精深的同时，也抒发中华民族对世界和平、人类和谐共处的美好愿望。

10.戏曲联唱：《寿岳福韵》

清悠婉丽的唱腔，顾盼生辉的眼眸，轻扶杨柳的身姿，一幕幕华丽的戏曲表演传递出中华传统文化中对福寿与和谐的美好祈愿。

11.交响音诗画：《和谐礼赞》

南归的大雁衔来一枚和谐的印章，从此，一幅瑰丽的新画卷在湖湘大地上缓缓铺开，蔚蓝的星球上同时奏响和谐的乐章。

12.多媒体演绎：《和谐，至美的旋律》

一个"和"字荏苒千年，兼收并蓄、博采众长，表达出道家"天人合一"的人文理念，这些思想仿佛是一颗颗璀璨的明星，密布在中华文明浩瀚的长空中，彰显着中华民族智慧的光芒。

13.主题歌舞：《尊道贵德》

"道在万物中，道在天地间，道在宇宙内，道在人心中。"唯有尊道贵德，才能和谐共生。道教文化以恢宏的气势、深邃的精神给中国人留下了悠长的、不可磨灭的印迹。而印迹的内核，正是深藏其中、浸润内外的中华民族独特的文化意蕴与风情神韵。

四、冥听

CD页

全攻略

第九章　如何建立网上"活动超市"

世界上最伟大的一种商业模式就是连锁超市。

成功的连锁模式，是内部容易复制，外部很难复制。

世界500强的第一名就是沃尔玛。超市不生产任何一件商品，不需要研发产品、建流水线、打产品品牌、做市场营销，但是每卖一件商品，它都有利益分成。这种模式看起来相当简单，不就是找一个地方，把各种货物集中在一起销售，然后把住一个个关口，刷条形码，坐地收钱吗？对顾客来讲，简单易行是硬需求。商业运营与科学、艺术一样，看起来越简单的事情，越难做。就像苹果平板电脑一样，简单操作的界面背后体现的是超强的科研实力。超市模式简单背后是精细化流程管理、健全的物流配送系统、个性化的顾客售前售后服务和先进的供应商合作机制。而这些管理标准都是可以在全球扩张中进行复制的。另外，对于一种成功的模式，内部容易复制，而外部却是很难复制的，因为构建一种模式的是一个完整的系统，缺一环都行不通。

建活动超市面临的第一个问题，就是要建立活动行业的标准。一流企业做标准，二流企业做品牌，三流企业做产品。绝大部分活动机构连产品都还没有，做标准就更是难上加难的事了！但是，我有一个信条，就是越难做的事，做成功了就越有价值，竞争优势就会越强。多年前，面对麦当劳、肯德基的大举"入侵"，很多人说中国的快餐店没法标准化，我们没法参与竞争。事实上，这些年已有中国土生土长的快餐店做到了标准化生产，而且扩张势头很好，我相信将来在美国开中国店也会很吃香，就看是谁去开了。还譬如，中国快捷酒店业务模式的标准化复制扩张，比发达国家的酒店做得还好。活动行业的标准化建设同样是可以行得通的。

要建立活动行业的标准，首先就得将活动执行与可变因素多的创意剥离开来看待，就像制造业把生产车间与研发中心分开来一样。我更愿意将做活动视为服务行业，而非较虚的文化产业。不少清高的文化人往往热衷将活动产业看成是后者。做服务不丢人，世界上最具实力的企业都属于服务业，而非制造业、文化产业，将来更是如此。其实，每个行业不仅是其他行业服务的享用者，也是其他行业服务的提供者，大家互惠互利。是服务就得精耕细作，服务的最高境界就是用心服务和服务到心。

策划创意实际上也是可以固化成一定模式的。如英国输出的大量电视节目模式《流行偶像》(超女的前身)、《谁是百万富翁》、《幸存者》等，活动创意也是如此。策划创意的魅力在于它可以不断创新，最后呈现出来的活动模式就像苹果手机与平板电脑一样，可以隔一个阶段就会升级换代。再天马行空的创意，最终还是要落地形成活动产品。产生不了价值的文化创意就是一堆垃圾。所以，我觉得能解决问题的创意才是好创意，这是评判创意优劣的唯一标准。标准若有多个，不同的标准就成了执行者推托责任的借口。

如果说标准化的管理是超市的血脉，那么平台、供应商、顾客三要素则构成了超市的主体。超市首先是个整合平台。它将大量品牌商品整合在一起，整体对外展示，顾客置身其中，可以任意选择自己喜爱的物品。想买什么随时可以拿，不想买了也可以随时放下。日用品超市的平台是在各地租的门面店铺，而活动超市的平台则是互联网。

活动超市有了平台，接下来就要往平台货柜上铺货，超市里的商品得要丰富。这就需要整合大量有品质的供应商提供服务产品，这些产品可大体分三大类。第一类是物品的租赁，如场地、灯光、音响、鲜花、礼品等；第二类是人的服务，如策划人、主持人、专家、明星艺人、礼仪等；第三类是人与物的结合服务，如摄像、照相、翻译、速记、活动布展、节目表演、烟花燃放等。客户可以从活动超市里一站式采购到他所需要的服务。这样既减低了成本，节省了时间，还容易把控活动的质量。因为过去，活动方要与十多家供应商合作，需要沟通的环节多，就很容易出现问题。现在他们只需跟一家活动超市沟通就行了，活动的各项服务都由活动超市统一保障质量，进行整体服务。

超市有丰富的商品还远远不够，关键得有顾客来消费。对于活动超市琳琅满目的服务产品而言，各种类型的活动便是消费者和买主。活动超市里聚集的活动越多，活动人气越旺，需求就会越大，交易也就越多。活动服务交易量多了，自动聚拢来的供应商也更加丰富，活动服务产品的品质和档次也就会"水涨船高"。买方和卖方相互促进，互为成就。最终越做越大的是活动超市这个平台。

目前，有很多活动网聚集的都是单一的供应商，只有卖货的没有买货的，自然就无法构成真正的超市。还有很多礼品网、鲜花网、场地网、礼仪网等，为什么一直做不起来？前面提到的原因是一方面，另一方面的原因则是在单项服务的网站只能得到单项产品，而不能实现性价比最好、最省事的活动服务一站式采购。

为何活动超市过去没有出现呢？过去的百货店，售货员只能提供一对一服务，顾客的选择性不大，这种模式只适用于商品贫乏的时代。同样，活动超市也是经济发达与科技发展的产物。一方面，过去活动没有形成产业，随着经济的发展和人们生活水平的提高，活动经济日益壮大。活动数量越来越多，质量要求越来越高，活动专业化服务的需求也就越来越大。另一方面，互联网的发展为活动超市提供了展示与交易的平台。活动服务的产品很分散，无法将他们进行整体仓储和门店销售。如明星艺人，平时都是在家里等活干，而且每个经纪人负责代理推广的艺人也有限，不可能让大量艺人天天聚集在一个地方让活动方选择。互联网则可以将过去无法聚集与展示的活动服务产品，轻松聚集在一起。用于展示的虚拟门店比实体门店成本低，而且消费者到网上超市寻找与购买活动服务的成本也大大降低。

活动超市能否打造成功，归根结底起决定因素的是：是否拥有强大的活动资源整合能力。活动行业是个买方市场。活动是超市的购买方、消费者，有了买方，不愁没有卖方(供应商)。环球活动网既是一家活动资源的整合商，又是大型活动的集成运营商，它率先将分散在全国各地、各个领域有价值的活动聚合在一起。环球活动网有如下两大方面的优势吸引着更多活动来落户：一方面，如果活动交由环球活动网来执行，可以得到"减低成本、提高效果、带来资源、提高效率"四大好处。第一，因为我们是规模化经营、集团采购，所以能大大减低执行成本。一个地方一年才办一次大型活动，对被邀出场的明星艺人来说，那是零售。而环球活动网将全国各地大型活动的需求整合在一起，请一位明星一年出场十次二十次，那就是团购，享受批发价格。第二，因为我们有专业团队全程运营，所以活动效果有绝对保障。第三，环球活动网是活动资源的蓄水池，能为合作活动提供其所需的资源支持，譬如高端嘉宾邀请等。第四，因为是专业化运作，所以活动执行的效率自然就高了。另一方面，环球活动网还能为合作活动提供招商、建立活动官方网站、全媒体直播、免费策划咨询、视觉设计、人员培训等增值服务。单个活动的赞助价值是不大的，而且独立招商的运营成本太高，环球活动网整合上万个品牌活动后，就可以建立招商团队对成批量的活动进行规模化打包经营了。通过长期运营活动，环球活动网积累了大量成功举办过的活动方案和活动视觉设计原始文件等，这些成果都可以盘活起来与合作活动分享。

超市是一个把关者，它得对消费者做出信誉承诺。消费者从超市买了有问题的商品，首先只能找超市投诉。要维护好活动超市，就得建立好活动的信誉体系和质量评价标准。有形商品都有其质量标准，也都有明码标价，超市进货只需要确认商标、核准保质期，就能把控住商品质量。而活动方面的服务产品则没有这么简单。活动服务分为两种，一种是有形的服务，另一种是无形的服务。文化层面的服务更多是一种无形服务，也是最高的一种服务形态，因为它是直接服务于心的。如何把无形的活动服务有形化呢？只有把各项服务指标细分化、标准化，然后进行量化跟踪，才能进行有形化的质量把控。另外，如何判断一台晚会、一场论坛活动等的质量好坏？通常情况基本上与看一部电影、一本新书、一个节目等文化产品的消费一样，采取的是事后评判法，大家只有看过、品过、参与过，才能得出自己的结论。但是对于活动的消费者或赞助商而言，活动过后的评价为时已晚，只能是个"马后炮"了。那我们就得做系统的研究工作，将活动的事后评判前移至消费之前就能识别。需要对每个品牌活动确立具体量化的价值考核指标，对营销效果建立一套科学可行的评估体系和反馈机制。

对于一个新项目，一般的做法是先做产品，然后做营销，再做渠道，最后做品牌和标准。而我们在资金有限、模式不清的情况下，是按相反的逻辑来发展环球活动网的——先做品牌和标准，然后做渠道，再做产品，最后落到全方位营销。这样做的最大好处是，可以大大减少前期运营成本，减低探路风险。先做产品会占用大量人力、物力和财力资源，更何况没有大量前期调查和用户体验的产品是脱离"群众"远离市场的。品牌会将我们找客户,变成客户主动来找我们。有了标准,才好大规模复制。产品与销售则是水到渠成的事。我们的发展已经历前期做品牌、标准、渠道的探索阶段(当然这三方面今后还需大力发展),现在到了出产品和大举营销的扩张阶段。全国各地每天的大型活动成千上万,市场大得很。不是活动没有需求,而是他们不知道我们能提供什么样的产品服务。为此,环球活动网总部将着力搭建平台、发展品牌、开发产品、研发创意。各地分站实际上就是分布在各区域的市场营销中心,它们共享总站的品牌、案例以及客户、产品与设计资源等。

再往后五至十年时间,环球活动网的运营重心将逐步转移到线上。我们将开发出一系列的线上产品,供大众选用。我们将开通英文版,在海外设立分支机构,以活动为载体和纽带,广泛开展中外文化与经济交流,开拓国际市场。到那时,一个基于电子商务平台、能自动运转的真正活动超市就算构架成功了。我从很多上市公司的成长历程中发现,一个企业要做到上市基本是"十年磨一剑",企业的快速发展关键就在厚积薄发中的几年时间。"一万年太久,只争朝夕",一个新行业的战略机遇期就那么几年,错过了就再也没有了。

依托于活动超市,我们还将在各地合作运营"群英汇"活动咖啡吧,时机成熟时我们还将建立活动城——大型活动演艺王国。迪斯尼乐园是全世界儿童的游乐超市,环球活动网活动城则是全球商务与政务人士进行学习交流、合作洽谈与休闲娱乐于一体的实体活动超市,在这里将聚集最有影响的会议、论坛、展览、演艺、大赛、庆典等大型活动。到那时,活动的线上与线下营销将达到一种前所未有的高度融合。

为了梦想

让处于奔忙状态的人停歇下来，是一件不容易的事。其难度不亚于让慵懒的人朝着目标奔跑起来，甚至更难！前者在功利的社会里，被物欲过度激发，被浮躁的时代潮流裹挟着踉跄前行。在这样的过度奔忙的年代，很多人的内心已安宁不下来，纠结、拥挤的心里早已容不下一张温馨的课桌。

曾听到一个小故事：在大学毕业的聚会上，老师语重心长地说，同学们啊，我有一个小小的希望，希望你们今后每年至少能认真地读完一本好书！能做到吗？意气风发的同学们一片哗然，有人甚至高声说，太小瞧我们了！过了十年，同学们再回母校与老师重聚，提起老师当年的那句话，绝大部分人都很羞愧，有不少甚至几年都没有摸过书了。

猛然醒来时，我发现自己也不例外。曾经在大学里沉浸于书海、一本接着一本"啃"大部头的我，竟然好些年没有捧闻书香的惬意感觉了；曾经笔耕不断保持一年出版一本书的我，也有好些年没有伏案疾书的情形了；曾经充满诗意的内心世界，也有了走向荒漠化的迹象。

好在，一路风尘仆仆奔跑中，我骨子里的东西还没有丢失，其就是一种文化人精神世界的追求。庆幸的是，在朋友们的关照下，这棵小苗还在慢慢长大。我认为，每个人终归是生活在精神世界里的人，无论他物质多么丰富，生活多么光鲜，如果精神世界很苍白，他最终还是一个可怜的穷光蛋！

在修炼途中，我受三句古语的影响最大：一句是《孟子·尽心上》的"穷则独善其身，达则兼善天下"；另一句是北宋著名理学家张载说的："为天地立心，为生民立命，为往圣继绝学，为万世开太平"；第三句是明代思想家王守仁首次提出的"知行合一"。

从大学毕业到2004年11月，我在湖南电视台和中央电视台这两家媒体一线工作了十年。在实践中，不断遇到新的困惑，于是便有了深入探索媒体运营规律的动力。从2000年到2005年，我接连写了《流动的视点》、《克隆成功》、《中国电视前沿调查》、《中国媒体大转折》、《媒体活动实战报告》、《焦点——对话中国著名电视制片人》六本书，至今出版的每本书都已销售一空。2004年11月，我步入联想投资旗下的一家新媒体公司任首席执行官。到2006年2月，我开始投身创业，创办致力打造全球最大活动超市的环球活动网和典盛传播。从此，我关注的重点已转向和锁定"活动营销"这个新命题。

深入活动领域后我发现，活动产业是一个非常大的市场，却还没有真正成为一个行业，因为其没有行业协会，没有行业标准，没有"一提到活动就想到找它"的品牌企业，大学里没有活动产业的相关专业，没有专门研究"活动营销"的专著，到处在做活动却没有真正的"活动策划案例库"，活动圈里人才济济，大腕很多却没有人能静下心来写写他们运营活动的经验教训和心得体会等。要想打造一套"活动超市"的运营模式，将是一个巨大的系统工程！

做一个事业平台按理应"先谋而后动"，首先要看好前行的方向。但是时间不等人，只能边做边研究了。谁知，人一上马，枪声一响，马儿就由不得你使唤何时停了。所以，从创业之后就没有时间和心情坐下来动笔了。四年过后，疲惫的我感觉到，不能再盲目狂奔下去了，要想办法静下心来好好思考一下"活动产业"及其相关产业链。谁知，要让一路奔跑过来的自己强行静下来，也是一件非常痛苦的事。好在遇到了一位"吃得苦，耐得烦，霸得蛮"的湘妹子曹英姿，在她一两年的跟踪催促下，终于在2011年10月出版了《大活动 大营销》。这本书在不到一年的时间里重印了三次。看到读者们在当当网上发的近千条好评，我和曹英姿都笑了。我觉得，如果写出来的内容对大家有启发、有帮助，能让大家对"活动行业"多些深层次了解，少走些弯路，这也是一种文化人的价值体现。

《大活动 大营销》刚出版，我就开始着手写《活动策划实战全攻略》这本书。如果说《大活动 大营销》更偏向于"理论"，那么接下来这本书则更偏向于"实战"。毕竟活动是一个实操性很强的"行业"，绝大部分行业中人还是想从书中"现学现用"。所以，整本书我采用一种对话体的形式，我从每个活动类别中选择一位资深的活动界人士进行深度对话。他们的从业经验就像一座被闲置的金矿，他们因为忙着策划和运营一个又一个接踵而至的活动，而没有时间去梳理自己的理念和心得，需要有人去深度探测和挖掘。我将提问比喻成挖掘机，只有设计出好的提问，才能将被访者激发，才能挖掘出他们脑海中概念还不是很清晰的"好理念"，帮助他们梳理出一套套切实管用的"好方法"。我们每次对话完，嘉宾都非常兴奋，他们说从业这么多年了，从来还没有这样系统地梳理过自己，刚刚说的那些话都不知道自己是如何说出来的！

与书中所有嘉宾的对话内容，在2012年上半年就都做完了，又过了一年多的时间才正式出版。与每位嘉宾对话的前期调研和后期文字整理提炼都需要投入很多的时间和精力，过程很辛苦。但是见到挖掘整理出的理念都是鲜活的、有很大实用价值的"一手货"，心中也就欣慰了许多。在此，还得再次感谢曹英姿的耐心和辛勤付出。

在做这本书的过程中，我意识到，中国乃至世界的活动界高手如云，他们的宝贵经验还都亟待我们去挖掘。如果一个个活动"秘籍"被挖掘整理出来，那么"全球活动案例库"也就水到渠成了，整个行业的标准、规范和活动行业的学科专业自然也就出来了。这是一项很平凡的工作，也是一项很伟大的工作！天下活动是一家，期待有更多热爱活动事业的人能加盟进来，我们朝着美好的未来共同进发！

"活动营销"时代已经来临！媒体过剩，信息泛滥，注意力稀缺的年代，一定需要"活动营销"来唱主角。无论是城市，还是企业，甚至个人，他们都需要通过策划举办富有创意的活动，来增进交流，联络感情，制造故事，扩大影响力，带来提升。过去的七年时间里，我帮二十多个地方政府、上百家企业和机构，成功策划举办了几百场具有影响力的活动。2012年11月，我跨入到了电子商务行业，任e宅购董事兼执行总裁，用"活动营销"的理念帮助企业迅速做大做强，活动因为落地生根而有了更加强大的力量，一种新的商业模式因为有了活动的助推力而发展得如虎添翼，在半年时间里公司品牌价值大大提升。在此，要特别感谢谭远程董事长给"活动营销"提供的施展舞台，感谢全体同事的大力支持！

2013年五一节，我心怀虔诚，用了五个多小时，从山脚一步步丈量着登上了泰山之巅。这是我第四次登泰山。驻足远眺，看气象万千，远方蓝图清晰可见。此时，身未动，心已远！

欢迎更多致力于活动行业的同仁交流与分享，欢迎更多喜爱与期待进入活动行业的人士一起探讨与切磋：我的QQ邮箱为760352644@qq.com；新浪微博名为欧阳国忠的微博。

最后，我将自己写的一首歌词献给所有关心和支持我的人，愿你们梦想成真！

《为了梦想》
为了梦想
为了当初的誓言
迎着霞光
我们快乐出发
爬过层峦叠嶂
淌过激流险滩

我们也曾
无数次跌倒
无数次心酸
谁叫我们是
充满梦想的创业者
正是路途艰难
才需要我们竭力登攀

为了梦想
为了当初的誓言

顶着星光

我们快乐行进

穿越黄沙漫漫

抵御酷暑严寒

我们也曾

经常有不满

经常有彷徨

谁叫我们是

战无不胜的梦想团

正是路途遥远

才需要我们日夜兼程

有梦才有力量

有梦才能飞翔

无论梦想多漫长

无论路途多惊险

我们都要用脚步去丈量

这是我们不变的信念

不变的信念

欧阳国忠

2013年3月